utb 5444

Eine Arbeitsgemeinschaft der Verlage

Brill | Schöningh – Fink · Paderborn
Brill | Vandenhoeck & Ruprecht · Göttingen – Böhlau · Wien · Köln
Verlag Barbara Budrich · Opladen · Toronto
facultas · Wien
Haupt Verlag · Bern
Verlag Julius Klinkhardt · Bad Heilbrunn
Mohr Siebeck · Tübingen
Narr Francke Attempto Verlag – expert verlag · Tübingen
Psychiatrie Verlag · Köln
Ernst Reinhardt Verlag · München
transcript Verlag · Bielefeld
Verlag Eugen Ulmer · Stuttgart
UVK Verlag · München
Waxmann · Münster · New York
wbv Publikation · Bielefeld
Wochenschau Verlag · Frankfurt am Main

#fragdocheinfach
Alle Bände der Reihe finden Sie am Ende des Buches.

Professor Dr. Matthias Kaufmann lehrte Ethik an der Martin-Luther-Universität Halle-Wittenberg.

Matthias Kaufmann

Ethik und Moral? Frag doch einfach!

Klare Antworten aus erster Hand

UVK Verlag · München

Umschlagabbildung und Kapiteleinstiegsseiten: © bgblue, iStock
Abbildungen im Innenteil: Figur, Lupe, Glühbirne: © Die Illustrationsagentur
Autorenbild: © privat

Bibliografische Information der Deutschen Nationalbibliothek
Die Deutsche Nationalbibliothek verzeichnet diese Publikation in der Deutschen Nationalbibliografie; detaillierte bibliografische Daten sind im Internet über http://dnb.dnb.de abrufbar.

DOI: https://doi.org/10.36198/9783838554440

– ein Unternehmen der Narr Francke Attempto Verlag GmbH + Co. KG
Dischingerweg 5 · D-72070 Tübingen

Internet: www.narr.de
eMail: info@narr.de

Einbandgestaltung: siegel konzeption | gestaltung
CPI books GmbH, Leck

utb-Nr. 5444
ISBN 978-3-8252-5444-5 (Print)
ISBN 978-3-8385-5444-0 (ePDF)
ISBN 978-3-8463-5444-5 (ePub)

für Dagi

Alle Fragen im Überblick

Vorwort

Ob beim Kampf gegen den Klimawandel, bei der Forderung nach Solidarität mit einem überfallenen Volk oder der Forderung nach Solidarität mit dem globalen Süden, ob in der Gesundheitspolitik, der Migrationsproblematik oder einer der vielen anderen gesellschaftspolitischen Auseinandersetzungen der Gegenwart: stets wird alsbald moralisch argumentiert – oder auch umgekehrt vor „Moralisierung“ gewarnt. Dabei fällt schnell ins Auge, dass die Beteiligten mit „Moral“ oft sehr Verschiedenes meinen, was angesichts der Vielzahl möglicher Sichtweisen nicht verwunderlich ist.

Philosophische Reflexion übernimmt seit jeher die Aufgabe, dem Verlust eines selbstverständlichen Konsenses über die grundlegenden moralischen Prinzipien durch begriffliche Klärung entgegenzuwirken, um verbleibende Gemeinsamkeiten aufzufinden oder zumindest die Unterschiede der Positionen möglichst genau zu fassen und einen Dialog zu ermöglichen. In Europa begannen solche Bemühungen mit den Sophisten im fünften Jahrhundert vor Christus, die angesichts der strittig gewordenen moralischen Grundlagen die Natur als verbleibendes Fundament ausmachten, sich indessen nicht einigen konnten, was wir von der Natur zu lernen hätten. So erklärt Hippias von Elis (*5. Jahrhundert v. Chr.) in Platons (*428/427 v. Chr.; †348/347 v. Chr.) *Protagoras*-Dialog die Anwesenden als Gleiche von Natur verwandt (Platon, *Protagoras* 337c, d), während Kallikles (spätes 5. Jahrhundert v. Chr.) in Platons Werk *Gorgias* vehement dafür eintritt, dass der Edle und Starke nach dem Recht der Natur mehr haben und die Schwachen beherrschen müsse (Platon, *Gorgias* 483c–484a).[1]

---

1 **Anmerkungen**
Andreas Graeser, *Die Philosophie in der Antike 2. Sophistik und Sokratik, Platon und Aristoteles*, München ^{2}1993, 71–77. Klassische Werke wie z. B. platonische Dialoge, die in zahlreichen Ausgaben vorliegen, werden hier soweit wie möglich mit standardisierten Angaben wiedergegeben, um die Auffindbarkeit der Passagen zu erleichtern.

Der vorliegende Band soll eine gut nachvollziehbare Einführung in wesentliche Teile der Geschichte und Systematik philosophischer Ethik bieten. Für den Vorschlag, diesen Band zu verfassen, danke ich Rainer Berger vom UVK Verlag, für die Durchsicht früherer Fassungen des Textes und wertvolle Hinweise danke ich Danaë Simmermacher, Elena Kaufmann, Hanne und Georg Müller. Ohne die emotionale wie geistige Unterstützung meiner Frau hätte weder dieses Buch noch eine andere meiner Schriften erscheinen können, dafür bin ich dauerhaft dankbar.

Erlangen, im Januar 2024

Matthias Kaufmann

Was ist Ethik?

„Ethik ist […] die philosophische Reflexion über Moral, in anderer Formulierung eine philosophisch-reflektierte Moral, der Sprachgebrauch kennt auch […] die Rede von normativer Ethik."
(→ S. 26)

„… ein Gefühl der Würde"

John Stuart Mill

„Es ist besser ein unzufriedener Mensch zu sein
als ein zufriedenes Schwein;
besser ein unzufriedener Sokrates
als ein zufriedener Narr."
(→ S. 141)

Was besagt das Humesche Gesetz?

„Es ist unzulässig, von der Beobachtung, dass etwas so und so ist, darauf zu schließen, dass es auch so und so sein soll." (→ S. 62)

Was versteht man unter der formalen Gerechtigkeit nach Aristoteles?

„Gleiches gleich und Ungleiches ungleich […] behandeln." (→ S. 110)

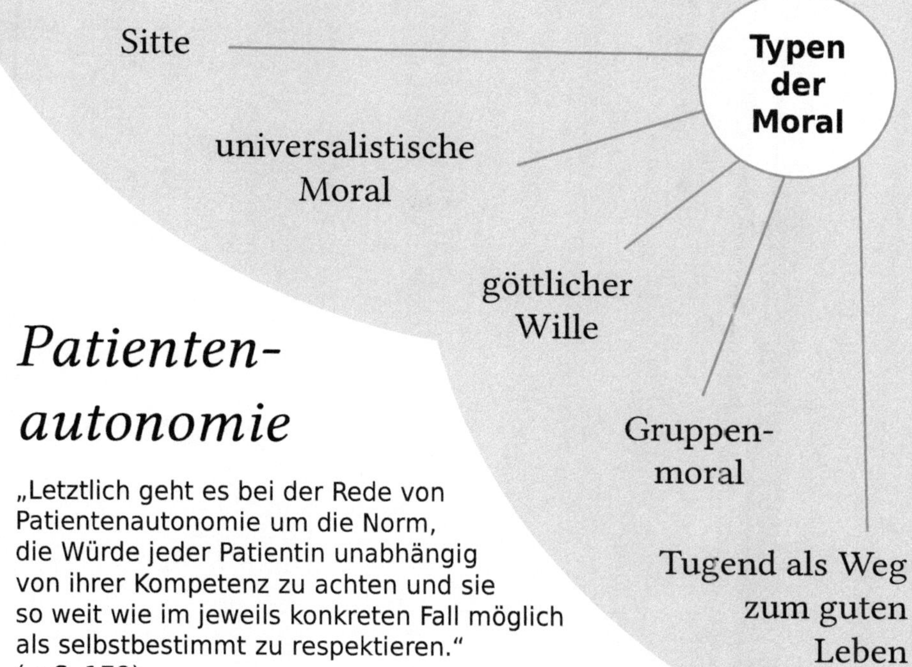

Patientenautonomie

„Letztlich geht es bei der Rede von Patientenautonomie um die Norm, die Würde jeder Patientin unabhängig von ihrer Kompetenz zu achten und sie so weit wie im jeweils konkreten Fall möglich als selbstbestimmt zu respektieren.“
(→ S. 178)

Kardinaltugenden

- Klugheit
- Gerechtigkeit
- Tapferkeit
- Besonnenheit

im Christentum:

- Glaube
- Liebe
- Hoffnung

Was besagt der kategorische Imperativ?

„Der kategorische Imperativ ist also nur ein einziger und zwar dieser: handle nur nach derjenigen Maxime, durch die du zugleich wollen kannst, dass sie ein allgemeines Gesetz werde.“
(→ S. 189)

Was die verwendeten Symbole bedeuten

Toni gibt ergänzenden Literaturtipps und weist auf wichtige Zusammenhänge und Textpassagen hin.

Die Glühbirne zeigt eine Schlüsselfrage an. Das ist eine der Fragen zum Thema, deren Antwort unbedingt lesenswert ist.

Die Lupe weist auf eine Expert:innenfrage hin. Hier geht die Antwort ziemlich in die Tiefe. Sie richtet sich an alle, die es ganz genau wissen wollen.

Was Sie vorher wissen sollten

Ansichten über das Richtige und das Falsche

Wir streiten manchmal darüber, was richtig und was falsch ist. Wir sind uns uneins über konkrete Fragen aus der näheren Umgebung, etwa für welche Hilfsorganisation man spenden sollte, vielleicht auch, ob eine Freundin oder ein Freund Hilfe braucht oder eher in Ruhe gelassen werden sollte. Wir entzweien uns darüber, welchen sozialen Gruppen staatliche Hilfe zusteht und wie die Finanzierung erfolgen sollte. Wir machen uns Gedanken über Gerechtigkeit, über die wichtigen Fragen der Zukunft und manchmal auch über den Sinn des Lebens. Dabei tun sich bei einzelnen Fragen leicht einmal Gräben innerhalb einer Familie oder zwischen guten Freund:innen auf, während Menschen, die sich wenig oder gar nicht kennen, ähnlicher Meinung sind. Gemeinsamkeiten und Unterschiede können sich am Alter, an sozialen Gruppen, Bildungshintergrund oder auch regionalen Kontexten – „Ost" gegen „West", „Nord" gegen „Süd" usw. – festmachen.

Moralische Argumente spielen eine zentrale Rolle in vielen der öffentlichen Debatten. Beispiele aus dem Beginn der zwanziger Jahre des 21. Jahrhunderts sind die Sorge um die ökologische Zukunft, insbesondere der Streit um die richtigen Maßnahmen im Umgang mit dem Klimawandel, die Auseinandersetzungen um die Aufnahme und die Behandlung von Geflüchteten, aber auch die Diskussionen um die Zustimmungs- oder Widerspruchslösung bei der Organspende sowie um den Einsatz von Gentechnik in der Medizin und der Nutzpflanzenzüchtung. In der Pandemie, die in Europa im Jahr 2020 ihren Anfang nahm, kamen nicht zuletzt moralische Appelle an die Solidarität mit den besonders Gefährdeten ins Spiel, andererseits wurde das Recht auf Autonomie, auf freie Entscheidung eingefordert und diskutiert, ob die staatlichen Maßnahmen tatsächlich elementare Freiheitsrechte betrafen. Während des russischen Angriffs auf die Ukraine entwickelten sich in Deutschland heftige Debatten über Waffenlieferungen und Verhandlungsoptionen, ferner über den Schutz der deutschen Bevölkerung vor den ökonomischen Auswirkungen. In den meisten dieser Kontexte wird nach mehr Gerechtigkeit gerufen, ohne dass es Einigkeit darüber gäbe, worin diese Gerechtigkeit zu bestehen habe. Zahlreiche Umfragen, Studien und Erhebungen zeigen auf, wo die Trennlinien zwischen den Verfechterinnen und

Verfechtern gegensätzlicher Positionen und Werteauffassungen verlaufen. So unterscheiden sich oft Stadt und Land, jung und alt, aber auch Menschen mit verschiedener Ausbildung in ihren Sichtweisen.

Die Europäische Union wird immer wieder von prominenten Repräsentant:innen als „Wertegemeinschaft" deklariert. Nicht immer ist man einig darüber, welches die entscheidenden Werte seien, dafür häufen sich die Klagen darüber, dass Europa seine moralischen Werte verrate. Entsprechend warf und wirft man sich gegenseitig die Verletzung europäischer Prinzipien vor, sei es die Verletzung der Rechtssicherheit einerseits, humanitärer Prinzipien andererseits im Zusammenhang mit den Migrationsbewegungen, dann wiederum in der genannten Pandemie und im Umgang mit der durch Russlands Krieg gegen die Ukraine bewirkten Inflation einen Verstoß gegen europäische Solidaritätsverpflichtungen. Nicht nur in unserem persönlichen Alltag, auch in sämtlichen politischen Themen werden wir also kontinuierlich mit moralischen Fragen konfrontiert.

Zugleich haben wohl die meisten Menschen schon die Erfahrung gemacht, dass sie sich von Leuten, die sich ihrer moralischen Sache gar zu sicher scheinen, genervt oder gar bedrängt und bevormundet fühlen. Entsprechend taucht dann im Alltag, in literarischen Werken, aber auch in philosophischen Texten die Frage auf, ob moralische Regeln denn notwendig seien, ob wir ohne sie nicht unbelasteter und angenehmer leben könnten.

Gelten moralische Regeln überall und immer?

Gegenüber den sogenannten europäischen Werten, seien es Prinzipien der Gleichheit und Gerechtigkeit oder auch die Verteidigung der Menschenrechte, die in Europa allgemein für universell gültig und anwendbar gehalten werden, regte sich besonders im globalen Süden heftige Kritik. Einerseits lässt sich zweifeln, ob diese Werte allein in Europa entstanden, allenfalls kann man bestätigen, dass ein großer Teil der europäischen Staaten sie inzwischen zumindest offiziell anerkennt, wenngleich oft genug dagegen verstoßen wird. Andererseits galt zumindest die Art, wie diese Werte von einigen Mächten umgesetzt wurden, als Teil einer eurozentristischen Sichtweise auf die Welt, von der man eben in Europa glaube, sie sei universell gültig. Von nicht-europäischen Menschen wird dieser universelle Anspruch oft als „imperialistisch" kritisiert.

Nach dem weitgehenden Ende der kolonialen Herrschaft europäischer Mächte über den „Rest der Welt" entwickelten sich vermehrt postkoloniale und dekoloniale Studien und Denkansätze, die sich kritisch mit dem kulturellen Erbe Europas befassen. In diesem Kontext verweisen insbesondere Autor:innen aus dem globalen Süden auf eigene Moralkonzepte nicht-europäischen Ursprungs. Nun wurden bekanntlich diverse asiatische Lehren, erinnert sei an Yoga, Zen etc., die sich mit der richtigen, auch moralisch richtigen Form der Lebensgestaltung befassen, in der sogenannten westlichen Welt seit einigen Jahrzehnten enthusiastisch aufgenommen und von relativ breiten Schichten ins eigene Leben integriert.[2] Seit einigen Jahren bezieht man sich in Teilen Südamerikas auf das sog. *buen vivir* – eine spanische Übersetzung der aus Andensprachen stammenden Termini *pacha mama* und *sumak kawsay*. Mit diesen, den ursprünglichen Andenkulturen entnommenen Konzepten soll die Einheit von Mensch und Natur und deren harmonische Koexistenz im Gegensatz zum ausbeuterischen Verhalten der Kolonialmächte erfasst werden. In Bolivien und Ecuador wurde der Natur per Verfassung ein Rang als Rechtssubjekt zugesprochen.[3] Im Afrika südlich der Sahara spielt der Gedanke des *Ubuntu* als religions- und ethnienübergreifendes Lebensgefühl, das Wege zur friedlichen Konfliktlösung und Versöhnung eröffnet, eine wichtige Rolle und wird als Geschenk Afrikas an die Welt bezeichnet.[4] Ob das Bestehen dieser Konzeptionen bereits zeigt, dass allgemeingültige moralische Normen nicht möglich sind, oder ob sie ihrerseits universelle Ansprüche erheben oder sich mit anderen universellen Forderungen vereinbaren lassen, wird im Folgenden zu untersuchen sein. Doch waren Zweifel an der allgemeinen Gültigkeit moralischer Forderungen auch innerhalb Europas seit mehr als 2000 Jahren, seit der griechischen Sophistik, präsent und gaben oft den Anstoß für moralische Reflexionen und Begründungsversuche.

---

2 Über ethische Aspekte im Yoga (Yama, Niyama) vgl. z.B. Edwin Bryant, *The Yoga Sutras of Patanjali*, San Francisco 2009; ein Indiz für die große Akzeptanz dieser Lehre im „Westen" ist, dass Swami Satchidananda, der ein Buch gleichen Titels verfasst hat, bereits 1969 als „Woodstock-Guru" gefeiert wurde.

3 Josef Estermann, *„Gut Leben" als politische Utopie. Die andine Konzeption des „Guten Lebens" und dessen Umsetzung im demokratischen Sozialismus Boliviens*, in: Raúl Fornet-Betancourt (Hg.): Gutes Leben als humanisiertes Leben. Vorstellungen vom guten Leben in den Kulturen und ihre Bedeutung für Politik und Gesellschaft heute, Aachen 2010, 261–286. Stefan Knauß, *Pachamama als Ökosystemintegrität – Die Rechte der Natur in der Verfassung von Ecuador und ihre umweltethische Rechtfertigung*, in: Zeitschrift für Praktische Philosophie 7 (2020), 221–244.

4 Antoine de Padou Pooda, *The Gift of Africa*, in: Cyrille Koné, Matthias Kaufmann (Eds.), Africa in the World, Berlin 2020, 181–196; Cyrille Koné, *Ubuntu: An African Assistance to the World*, ib, 197–223.

Angesichts der Verschiedenheit der Sichtweisen erscheint es hilfreich, ja notwendig, sich über die vorhandenen Moral- und Ethikkonzeptionen etwas Klarheit zu verschaffen um die eigene Position besser einordnen und begründen zu können. Wir werden dabei zunächst in der sogenannten westlichen, letztlich europäischen Tradition beginnen und immer wieder nach möglichen Überschneidungen und Unterschieden beim Vergleich mit anderen Ansätzen fragen.

Die enorme Fülle des Materials und die Begrenztheit des zur Verfügung stehenden Raums erforderten diverse Entscheidungen hinsichtlich der Auswahl relevanter Themen und Autor:innen. Diese tragen trotz aller Bemühung um eine angemessene Vorgehensweise unvermeidlich auch subjektive Züge.

1 Die Begrifflichkeit

Dieses Kapitel verrät unter anderem, was sich hinter dem Begriff Ethik verbirgt, wie er mit der Moral zusammenhängt und welche Typen von Moral sich grundsätzlich differenzieren lassen. Da für *Aristoteles* und andere griechische Philosophen der Antike moralisches Handeln eine Bedingung für ein geglücktes Leben darstellte, nimmt es auch gängige und vergangene Konzeptionen von Glück in den Blick. Zudem stellt das Kapitel weitere Differenzierungskriterien für die Begriffe „Moral" und „Ethik" vor, beispielsweise von *Habermas, Rawls* und *Kohlberg.* Schließlich wird diskutiert, ob Moral notwendig für ein gelungenes Miteinander ist oder eher einen Übergriff auf die Gesellschaftsmitglieder darstellt. Das Ende des Kapitels zeigt auf, warum es allemal sinnvoll ist, moralisch zu sein.

Was ist Ethik? Was ist Moral?

Sowohl Ethik als auch Moral spielen eine Rolle, wenn Menschen wegen ihres Verhaltens gelobt oder getadelt werden. Die Wörter „Ethik“ und „Moral“ werden im Alltag und auch in manchen philosophischen Texten weitgehend gleichbedeutend verwendet. Sinnvoller dürfte es indessen sein, sich der auf Aristoteles zurückgehenden Tradition anzuschließen, die unter Ethik die argumentative, philosophische Reflexion *über* Moral, aber auch eine philosophisch reflektierte Moral versteht. Ethik befindet sich demnach auf einer stärker reflektierten Ebene, weil sie auch die Regeln für das menschliche Verhalten zum Thema macht, sie etwa auf ihre Widerspruchsfreiheit und ihre Allgemeingültigkeit hin überprüft. Bei Aristoteles (*384 v. Chr.; †322 v. Chr.), der Ethik als einen Bereich menschlichen Nachdenkens und Forschens von der Physik, Logik, Metaphysik und Naturphilosophie unterscheidet, gehört allerdings der gesamte Bereich dessen dazu, was wir heute Praktische Philosophie nennen, also auch politische Philosophie und Rechtsphilosophie. Später, insbesondere seit Immanuel Kant (*1724, †1804), bezieht sich Ethik stärker auf den Bereich des *moralischen* Handelns, sofern es eben nicht mit dem rechtlichen und politischen Handeln identisch ist.

Ethik ist in diesem Verständnis also die philosophische Reflexion über Moral, in anderer Formulierung eine philosophisch reflektierte Moral, der Sprachgebrauch kennt auch – abweichend von der hier vorgeschlagenen terminologischen Regelung – die Rede von normativer Ethik.

Literaturtipps

Christoph Horn, *Einführung in die Moralphilosophie*, Freiburg/München 2018.
Dietmar Hübner, *Einführung in die philosophische Ethik*, Göttingen [3]2021.
Matthias Lutz-Bachmann, *Grundkurs Philosophie: Ethik*, Stuttgart 2013.
Wilhelm Vossenkuhl, *Die Möglichkeit des Guten. Ethik im 21. Jahrhundert*, München 2006.
Dieter Birnbacher, *Analytische Einführung in die Ethik*, Berlin/New York 2003.
Herlinde Pauer-Studer, *Einführung in die Ethik*, Wien 2003.
Friedo Ricken, *Allgemeine Ethik*, Stuttgart u. a. [5]2012.
Annemarie Pieper, *Einführung in die Ethik*, UTB 2007.
Ernst Tugendhat, *Vorlesungen über Ethik*, Frankfurt/M. (stw) 1995.
Richard Hare, *Die Sprache der Moral (1952)*, Frankfurt/M. (stw) 1982.

Was kann gemeint sein, wenn von Moral die Rede ist? Welche Typen moralischer Argumentation gibt es?

Wir können sehen, dass es sehr unterschiedliche Formen von Forderungen gibt, die mit moralischem Impetus an Menschen herangetragen werden und die nicht selten miteinander in Konflikt geraten können. Liebesbeziehungen werden aufgelöst und Menschen in ihren tiefsten Gefühlen verletzt, weil sich eine junge Frau oder ein junger Mann moralisch verpflichtet fühlt, gemäß dem heimischen, ethnischen oder religiösen Brauch zu heiraten. Soldat:innen fühlen sich moralisch verpflichtet, den Eid gegenüber ihrem Land zu brechen und unmenschliche Befehle zu verweigern, andere bringt gerade dieser Eid oder jedenfalls ein Loyalitätsbewusstsein dazu, Verbrechen gegen die Menschlichkeit zu begehen. Selbstmordattentäter:innen, die sich mit zahlreichen unschuldigen Menschen in die Luft sprengen, sind überzeugt, das moralisch Richtige zu tun. Entweder gibt es daher keine Möglichkeit, zwischen diesen Ansprüchen in vernünftiger Weise zu entscheiden und alle sind gleich wichtig – oder manche davon sind schlicht falsch. Das nächste Kapitel befasst sich mit der Frage, ob man über diese Dinge rational argumentieren und entscheiden kann. Hier seien – nicht ohne einige erste Hinweise in dieser Richtung – zunächst einige Wege unterschieden, in welcher Form moralische Forderungen an Menschen gerichtet wurden und werden, um ihnen „ins Gewissen zu reden".

Eine Möglichkeit, etwas Ordnung in die verwirrende Vielfalt moralischer Verpflichtungen zu bekommen, ist die Unterscheidung von – nicht immer exakt trennbaren – Typen der Moral gemäß der Begründungsverfahren für ihre Forderungen. Ein Vorschlag wäre es, die Sitte, bei der nicht wirklich begründet, sondern nur darauf hingewiesen wird, dass man es halt so macht, dass es sich so gehört, weil es schon immer so war, zunächst von der Auffassung zu unterscheiden, man habe bestimmten Geboten Folge zu leisten, weil sie von Gott oder von „den Göttern" erlassen seien oder jedenfalls deren Willen entsprächen. Von beiden verschieden oder jedenfalls mit keiner identisch ist wiederum die Forderung, man habe die eigenen Wünsche und Interessen dem Wohl einer Gruppe unterzuordnen, weil diese wichtiger sei als das Individuum. Eine vierte Variante erwartet die prima facie unparteiliche Berücksichtigung aller vernünftigen, in anderen Versionen aller empfindenden Wesen, eine fünfte beruht auf der Überzeugung, für ein geglücktes Leben bedürfe es auch tugendhaften Verhaltens.

Wie sollte sich Ethik mit dem Bereich der Sitte befassen?

> Geht es um Sitte, so wird eine Forderung gegenüber der oder dem Einzelnen typischerweise damit „begründet“, dass man es eben so macht, dass es schon immer so war, dass es sich so gehört, also durch Verweis auf bestehende Konventionen und Traditionen.

Dies heißt nicht unbedingt, dass diese Forderungen falsch wären, auch nicht, dass sie nicht begründet werden könnten, es heißt nur, dass in diesem Kontext eben nicht weiter begründet wird.

Der Bereich der Sitte ist deshalb so wichtig, weil viele unserer moralisch relevanten Entscheidungen, bei nicht wenigen Menschen sind es alle, in dieser Sphäre entstehen. Es ist auch nicht falsch, wenn wir unsere moralischen Einschätzungen zunächst einmal „aus dem Bauch“, also ohne explizite Überlegung treffen, ohne jedes Mal genau zu wissen, ob unser Urteil nun aus Gewohnheit, aus Konvention und dergleichen oder aufgrund einer irgendwann erfolgten eigenen reiflichen Überlegung erfolgt.

Diese Art sozialer Regulierung scheint es in der einen oder anderen Form in allen menschlichen Gesellschaften zu geben. Bestimmte Elemente wie ein Verletzungsverbot und ein Aufrichtigkeitsgebot scheinen für den Bestand von Gesellschaften notwendig, in vielen Traditionen finden sich indessen drastische Unterschiede hinsichtlich derer, denen diese Regeln zugutekommen, was häufig mit überregional anerkannten Regeln der Gerechtigkeit kollidiert. In den meisten Kulturen gab und gibt es diskriminierende und grausame Regeln und Gebräuche, denen eine reflektierte Ethik kritisch gegenübersteht. Überzeugungen, die in den Bereich der Sitte gehören, können sich im Laufe der Zeit auch in breiten Teilen der Bevölkerung ändern. Nach diesem Wandel wird etwas anderes als selbstverständlich richtig angenommen als zuvor, doch muss nicht unbedingt die Kenntnis über Begründungszusammenhänge gewachsen sein. So kann die zunehmende Offenheit gegenüber Menschen mit anderer Hautfarbe und anderem Geschlecht bei manchen Beteiligten auf gestiegene Einsicht zurückgehen, dass man niemanden wegen derartigen moralisch irrelevanten Merkmalen benachteiligen darf. Bei anderen hingegen entspringt sie bloßer Gewöhnung. Im Falle der Religionszugehörigkeit, der sexuellen Orientierung, aber auch kultureller Bindungen bedurfte und bedarf es erheblichen argumentativen

Aufwands, um die Menschen davon zu überzeugen, dass es ein allgemeines Recht auf freie Entfaltung in diesen Bereichen gibt.

Wichtig bleibt die Sitte auch, weil eine politische Ordnung auf ein gewisses Maß an Verankerung in den Ansichten der Menschen über richtig und falsch angewiesen ist. So wenig man nun die Möglichkeit hat, all seine intuitiven moralischen Urteile ständig zu überprüfen, so wichtig ist es, im Konfliktfall die Möglichkeit einzuräumen, dass die eigenen Urteile durch eher zufällige, biographische Faktoren oder bloße Gewöhnung mitbestimmt sind und daher für Überprüfung und Korrektur offen sein müssen. Die Orientierung an der Mehrheitsmeinung hilft nur sehr begrenzt weiter. Dies sieht man leicht, wenn man bedenkt, wie verbreitet sexistische und rassistische Vorurteile waren und oft genug noch sind.

Wie hängen Moral und göttlicher Wille zusammen?

> Einem anderen Ansatz zufolge ist eine Handlung moralisch richtig, eine Lebensweise gut, weil sie mit dem göttlichen Willen konform ist. Richtig und falsch wird durch mehr oder minder detaillierte Regelsysteme festgelegt, wie etwa die zehn Gebote, die Regeln des Koran, die Veden, die Bhagavadgita oder auch die Bergpredigt.

Es liegt also ein inhaltlich mehr oder minder genau bestimmtes System von Normen vor, das auf irgendeine Weise göttlichen Ursprungs ist und daher Gehorsam beansprucht. In der Regel sorgt ein Berufsstand von Priester:innen, Brahmanen, Imamen, Rabbinern etc. für die genauere Interpretation der von Seiten der Gottheit nicht völlig festgelegten Offenbarung, nicht selten wiederum in schriftlicher Form.

Häufig sind religiös begründete moralische Forderungen eng mit der Sitte verzahnt, doch kann es durchaus Fälle geben, in denen beides gegeneinandersteht, wenn etwa in Zeiten des „Sittenverfalls“ religiöse Erneuerungsbewegungen auftreten und zur Umkehr vom Weg der Sünde aufrufen. Beispiele dafür sind die alttestamentarischen Propheten, aber auch christliche Reformbewegungen.

Es gab und es gibt viele Menschen, auch viele Philosoph:innen, nach deren Überzeugung nur der religiöse Glaube die Menschen zu moralischem Verhalten bewegen kann. Das Problem dieser Auffassung beginnt indessen damit, dass sich religiöse Gebote an die Angehörigen eines bestimmten Glaubens richten, wenngleich der Schutz dieser Gebote sich möglicherweise auch auf andere Menschen, mitunter auf die belebte Natur erstreckt. Die Schwierigkeiten wachsen angesichts der Vielfalt religiöser Glaubensinhalte, die einander nicht selten widersprechen. Dies führte und führt zu Streitigkeiten zwischen Religionen, aber auch bereits zwischen Konfessionen innerhalb einer Religion, bis hin zu blutigen Auseinandersetzungen, in denen sich Gläubige verpflichtet fühlen, die Häretiker und Ungläubigen zu bekämpfen. Manchmal werden sie von Menschen, die den Anspruch erheben, im Namen Gottes zu sprechen, dazu ermuntert oder sogar aufgefordert. Eine für alle Menschen gültige und alle berücksichtigende Form von Moral, wie sie gleich vorgestellt wird, lässt sich auf dieser Basis nur schwer formulieren. Ferner passt es nicht zur aufgeklärten Konzeption von Moral, wonach Menschen in Freiheit, aus Einsicht und im Wissen um die eigene Verantwortung moralisch handeln sollen, wenn das Wohlverhalten der Furcht vor Strafe im Jenseits und der Hoffnung auf Lohn daselbst geschuldet ist.

Seit Platons Dialog *Eutyphron* wird darüber diskutiert, ob etwas fromm ist, weil die Götter es lieben, oder sie es lieben, weil es fromm ist (Platon, Eutyphron 10a), was später auf das moralisch Gute übertragen wurde. Wenn die Götter etwas lieben, weil es fromm ist, oder wenn Gott etwas befiehlt, weil es gut ist, dann muss es noch andere Kriterien für das Fromme bzw. für das moralisch Gute geben als allein das göttliche Gebot oder Verbot. Allemal steht die Frage im Raum, ob es derartige Kriterien gibt.

Eine Möglichkeit für ein solches ist der dritte Begründungsweg, nämlich der Hinweis auf **das Wohl der Gruppe**, der Familie, des Staates, des Volkes, der Partei etc.

Was ist mit „Gruppenmoral" gemeint?

Unter Gruppenmoral kann man Auffassungen subsumieren, denen zufolge die Individuen ihre Interessen dem Wohlergehen der Gemeinschaft unterzuordnen haben, weil diese wichtiger, hochrangiger und beständiger sei als die einzelnen darin lebenden Menschen.

Es handelt sich dabei um ein sehr weit gespanntes Spektrum, sowohl hinsichtlich der in Frage kommenden Gruppen als auch in Bezug darauf, was von den Individuen erwartet wird. Dieses Spektrum beginnt mit der Forderung, für eine Gruppe wie die Familie Einsatz und möglicherweise auch Opfer zu bringen, etwa bei der Pflege von Angehörigen, oft genug wird Gehorsam gegenüber Patriarchen erwartet. Ein anderer Bereich sind Loyalitätsansprüche verschiedener Vereinigungen und die Forderung, zugunsten derselben auf den eigenen Vorteil zu verzichten, sich solidarisch zu verhalten. Dies betrifft durchaus auch den demokratischen Staat oder die Nation, wenn speziell in Krisensituationen Appelle zur Loyalität und Solidarität an die Bürger:innen gerichtet werden. Die Intensität dieser Ansprüche kann sich in eher autoritären Staaten bis zur Forderung nach absoluter, bedingungsloser Unterordnung der einzelnen unter die – angeblichen – Interessen des Staates, des Volkes, der Partei und dergleichen steigern. Worin diese übergeordneten Interessen bestehen, wird dann nicht selten von einer despotisch herrschenden Instanz festgelegt. Im Extremfall gehört zu dieser Unterordnung auch die Bereitschaft, notfalls gegen alle vom einzelnen für richtig gehaltenen moralischen Prinzipien zu verstoßen.

Machiavelli (*1469; †1527) fordert etwa, für das Vaterland habe man nicht nur das Seelenheil zu opfern, sondern auch alle Verbrechen zu begehen, die zum Wohl des Staates nötig seien.[5] Dies ist die republikanische Variante einer Kriegermoral, die sich zu bestimmten Zeiten in vielen Kulturkreisen – oftmals in feudalen Gesellschaften – herausgebildet hat und die extremste Form der Gruppenmoral darstellt. Diese Kriegermoral fordert vom Einzelnen nicht nur absoluten Gehorsam und hohe Opfer, sondern auch die Bereitschaft, Grausamkeiten zu begehen, möglicherweise bis zur Tötung der eigenen Kinder, wie uns Heldengeschichten unterschiedlichster Herkunft zu berichten wissen. Wir kennen solche Erzählungen aus der römischen Frühgeschichte, den germanischen Heldensagen, der Bibel, aber auch den Berichten über die Samurai.

Die Schwierigkeit besteht hier offenbar darin, die Grenze zu finden, an der die lobenswerte Bereitschaft, sich für eine Gruppe von Menschen einzusetzen, notfalls auch Opfer zu bringen, übergeht in kritiklose Unterwerfung unter einen fremden Willen. Eine gewisse Hilfestellung bietet hierfür die heute wohl wichtigste Variante der Moral, die sog. **universalistische Moral** oder **Aufklärungsmoral**.

---

5 Machiavelli, *Discorsi. Gedanken über Politik und Staatsführung*, Stuttgart 1977, Buch III Kap. 43.

Was ist universalistische Ethik und warum heißt sie „Aufklärungsmoral"?

Als „universalistisch" bezeichnet man Ethikkonzeptionen, die zunächst von den konkreten sozialen Bedingungen weitestgehend abstrahieren, nur noch auf Vernunftfähigkeit oder Leidensfähigkeit der Betroffenen Bezug nehmen und eine in diesen Punkten weitgehende Gleichheit der Beteiligten unterstellen. Dies bedeutet nicht, dass alle Menschen immer gleich zu behandeln sind, sondern dass es zur Ungleichbehandlung triftiger Gründe bedarf.

Was als triftiger Grund gelten kann ist keineswegs immer eindeutig, mitunter gibt es heftige Diskussionen darum, beispielsweise ob das Geschlecht für die Zulassung zu bestimmten Ämtern eine Rolle spielen darf. Die Ansichten zwischen Kulturen unterscheiden sich häufig, auch innerhalb einer Gesellschaft können sie sich wandeln. Moralische Forderungen im universalistischen Sinn werden auf die Forderung nach Unparteilichkeit und Unvoreingenommenheit, nach der Anerkennung einer und eines jeden als Träger:in möglicherweise berechtigter Interessen und mögliche Quelle vernünftiger Argumente, als Zweck an sich selbst zurückgeführt.

Es ging bei der Herausbildung dieser Prinzipien weniger um die Formulierung neuer Normen als um ein Verfahren zur Überprüfung moralischer Regeln. Es handelt sich um das Resultat philosophischer Bemühungen, das, was das Moralbewusstsein der Menschen in eher unklarer Form enthält, präzise auf den Punkt zu bringen. Prominente Versuche in diese Richtung sind Kants kategorischer Imperativ und das utilitaristische Prinzip vom größten Glück der größten Zahl (vgl. Kap. 4).

Es gibt bei diesen universalistischen Ethiken Unterschiede hinsichtlich der Frage, ob man alle „Vernunftwesen" – oft heißt es alle Personen – mit einbeziehen soll, oder ob die Fähigkeit zu leiden die entscheidende Rolle spielt. Dies wird in späteren Kapiteln zu diskutieren sein. Diese Form moralischen Argumentierens wird mitunter „Aufklärungsmoral" genannt, weil sie sich in ihren Grundsätzen, soweit es die europäische Entwicklung betrifft, im Laufe der Aufklärungszeit, also ab dem späten 17. und vor allem im 18. Jahrhundert herausgebildet hat. Ihre Entstehung ist auch eine Spätfolge der blutigen religiösen Bürgerkriege des 16. und 17. Jahrhunderts, die zunächst die Rolle des sog. Naturrechts als einer der menschlichen Vernunft zugänglichen, für alle Konfessionen halbwegs annehmbaren Instanz stärkte. Hinzu kamen die wachsende Forderung nach Toleranz und die Zweifel an der moralischen Relevanz sozialer Hierarchien, die Zweifel also, dass es für die moralische Beurteilung einer Handlung eine Rolle spiele, ob Adlige oder Bürgerliche, Geistliche oder Laien handelten und betroffen waren. Ferner trennte man zusehends deutlicher Recht und Moral, weil das Eine, grob gesagt, die äußere Handlung, das Andere die innere Haltung betraf. In vielen heutigen Ethikdiskursen gilt diese Moralität auch als die „eigentliche" Moral, während verschiedene Kombinationen der anderen Formen als „Ethos" bezeichnet werden.

Langfristig ist diese Moralauffassung die Grundlage dafür, dass es heute in vielen Ländern verboten ist, jemanden wegen des Geschlechts, der Hautfarbe, der Religionszugehörigkeit, sexuellen Orientierung etc. zu diskriminieren, weil diese sich als moralisch irrelevant erweisen. Dies bedeutet keineswegs, dass die Vertreter dieser Konzeption im 18. und 19. Jahrhundert sich in diesem Punkt stets vorbildlich verhalten hätten, im Gegenteil gibt es eine ganze Reihe rassistischer und/oder sexistischer Äußerungen u. a. von David Hume (*1711; †1776), Kant und Georg Wilhelm Friedrich Hegel (*1770; †1831). Es wird seit einiger Zeit darüber diskutiert, ob dies persönliche Unzulänglichkeiten großer Denker sind oder ob ein systematischer Fehler dieser Ethikkonzeption vorliegt.

Ist die universalistische Ethik imperialistisch?

Es wurde und wird kritisiert, die Behauptung, man habe universell gültige Normen gefunden, impliziere den Anspruch, diese Normen auch denen aufzuzwingen, die ihrerseits andere Regeln und Prinzipien für gut und richtig halten. Es wurde bereits angesprochen, dass die universalistische, aufgeklärte Moral sowohl zu lokalen Sitten als auch zu religiösen Forderungen im Widerspruch stehen kann. Ferner wurde bemängelt, die abstrakte Annahme formaler Gleichheit ignoriere die materiale, konkrete Ungleichheit der Lebenssituationen, in denen sich die Menschen befinden, so dass es zu Ungerechtigkeiten komme, wenn sie einfach gleichbehandelt würden, ob sie nun arm oder reich, Unterdrückende oder Unterdrückte, Kolonisierende oder Kolonisierte sind. Anatole France (*1844; †1924) sprach in bitterer Ironie von „der majestätischen Gleichheit des Gesetzes, das Armen wie Reichen verbietet, unter Brücken zu schlafen, auf den Straßen zu betteln und Brot zu stehlen".[6] Es wurden ferner die Bemühungen „westlicher" Feministinnen, die Situation von Frauen im globalen Süden zu verbessern, als „imperialistisch" gebrandmarkt, weil sie die Einbindung der Frauen vor Ort in ihre konkrete Situation nicht berücksichtigten.[7]

Diese Kritik mag in vielen Fällen auf eine unterschiedslose Anwendung universeller Normen zutreffen und hat in manchen Teilen eine längere Tradition. Bereits für Hegel waren die beiden ihm vorliegenden Formen universalistischer Moral, also diejenige Kants und des Utilitarismus, „gleich abstrakter Verstand", der ohne Verbindung mit der konkreten Sittlichkeit im „leeren Formalismus" ende.[8] In den letzten Jahrzehnten stellten Martha Nussbaum (*1947) und Amartya Sen (*1933) dem von Kant inspirierten, liberalen Ansatz von John Rawls (*1921; †2002) ihren eher aristotelisch orientierten *capability approach* gegenüber, der versucht, die menschlichen Fähigkeiten – und Bedürfnisse – in ihrer Gesamtheit zu berücksichtigen, eben auch die unterschiedlichen Rahmenbedingungen zu beachten, in denen die Menschen jeweils leben.[9]

Von dieser Kritik bleibt der universalistische Grundgedanke unberührt, dass jeder Mensch, in mancher Fassung zusätzlich die leidensfähigen Tiere oder sogar „die Natur", wie im Beispiel des *buen vivir* bzw. *pacha mama* aus den Andenstaaten, moralische Berücksichtigung verdienen und dass bei Menschen zunächst eine Gleichheit der Ansprüche zu unterstellen ist. Darüber hinaus gibt es Forderungen, bestimmte Kriterien – wie z. B. Bedürftigkeit – als triftige Gründe für Ungleichbehandlung anzuerkennen. Die genannten Ansätze stellen wichtige, weitgehend gelungene Versuche dar, diesen Gedanken in angemessener, operationalisierbarer Weise zu formulieren, die sich allesamt in einigen Punkten als revisionsbedürftig erwiesen. Dieser Revisionsprozess wird im Diskurs kontinuierlich fortgesetzt. Wenn dieser Universalismus zusätzlich davon ausgeht, dass Benachteiligungen rechtfertigungsbedürftig sind und der Hinweis, dass es immer so gewesen sei, dafür nicht ausreicht, so bedeutet dies nicht, dass man um jeden Preis die bestehenden Verhältnisse umstürzen will. Vielmehr gilt es das tatsächliche

6 Anatole France, *Le lys rouge* (1894), deutsch: *Die rote Lilie* (übers. von Franziska zu Reventlow), München 1925.

7 Serene Khader, *Decolonizing Universalism. A Transnational Feminist Ethic*, Oxford 2019.

8 G. W. Hegel, *Grundlinien der Philosophie des Rechts*, § 118, § 135.

9 Martha Nussbaum, *Die Grenzen der Gerechtigkeit*, Berlin 2014, Kap. I vii; Amartya Sen, *Die Idee der Gerechtigkeit*, München 2010, Teil 3; https://plato.stanford.edu/entries/capability-approach/, abgerufen: 10.01.2024.

Wohlergehen aller Betroffenen im Auge zu behalten und gegebenenfalls Wünsche nach Reformen mit dem Risiko der Destabilisierung der Situation zum Schaden gerade der Schwächsten abzuwägen.

Macht Moral glücklich?

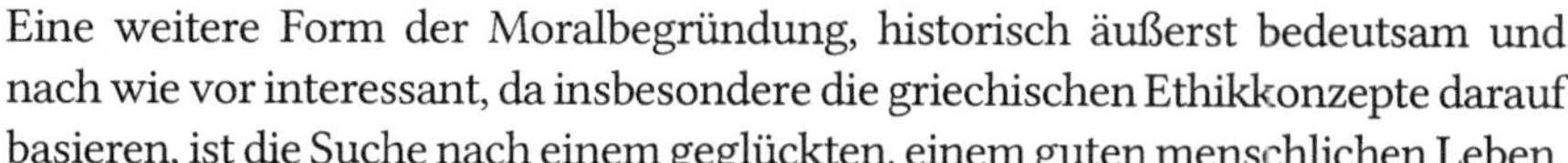

Eine weitere Form der Moralbegründung, historisch äußerst bedeutsam und nach wie vor interessant, da insbesondere die griechischen Ethikkonzepte darauf basieren, ist die Suche nach einem geglückten, einem guten menschlichen Leben.

> Für fast alle griechischen Ethiken gehört zu einem gelungenen Leben auch tugendhaftes, also moralisch richtiges Verhalten. Wie würden wir das heute sehen?

Was meinen wir mit „Glück"?

> „Hans hatte sieben Jahre bei seinem Herrn gedient, da sprach er zu ihm: ‚Herr, meine Zeit ist herum, nun wollte ich gerne wieder heim zu meiner Mutter, gebt mir meinen Lohn.' Der Herr antwortete: ‚Du hast mir treu und ehrlich gedient, wie der Dienst war, so soll der Lohn sein.' und gab ihm ein Stück Gold, das so groß als Hansens Kopf war."

Von den Gebrüdern Grimm weiß man, wie die Geschichte weitergeht: Durch eine Reihe von Tauschgeschäften, die ihm jeweils sehr attraktiv erscheinen oder von anderer Seite schmackhaft gemacht werden, hat Hans seinen gesamten Lohn verloren – und freut sich darüber:

> „‚So glücklich wie ich,' rief er aus, ‚gibt es keinen Menschen unter der Sonne.' Mit leichtem Herzen und frei von aller Last sprang er nun fort, bis er daheim bei seiner Mutter war."

Die Geschichte bezieht ihre besondere Spannung offensichtlich aus dem Gegensatz zwischen dem für außenstehende Beobachter unglücklichen Verlauf der Transaktionen und dem bei Hans bis zum Ende anhaltenden Glücksgefühl. Dies verweist uns auf zwei unterschiedliche Verwendungsweisen des Wortes „Glück", für die es im Englischen auch zwei Wörter gibt: „*luck*" als das äußere gute Gelingen, der günstige Zufall, worauf wir nur begrenzten Einfluss haben. In der Renaissance wurde dies durch die

Glücksgöttin Fortuna symbolisiert, die mit einem Spinnrad in den Händen abgebildet wird, welches die Menschen nach oben und wieder nach unten befördern kann. Dieser Göttin gegenüber kann man sich einerseits mit einer gewissen Gleichmut wappnen, um von möglichen Rückschlägen nicht völlig aus der Bahn geworfen zu werden. Andererseits kann man Vorsorge treffen – oder auch durch beherztes Handeln Fortuna „beim Schopfe packen".

In einer anderen Bedeutung ist Glück in etwa das mit dem englischen „*happiness*" Gemeinte. „Glück" kann sich in dieser Bedeutung auf das momentane Erleben beziehen, sei es auf die Freude über einen Erfolg oder ein erfreuliches zufälliges Ereignis, auf die Freude an den vorgefundenen schönen Dingen in der Welt, aber auch auf ein dauerhaftes Zufriedensein mit dem eigenen oder fremden Wohlergehen, der eigenen Leistung etc. Und es kann sich darauf beziehen, dass man ein glückliches, gelungenes, gutes Leben führt. Es geht also um den Bereich der Glücksgefühle, des Wohlergehens, aber auch des guten, gelungenen Lebens als Ganzes, wodurch sich eine Verbindung zum griechischen Begriff der *eudaimonia* ergibt, oft übersetzt mit „Glückseligkeit". Für jede griechische Philosophie galt die Anforderung, einen Weg zur Glückseligkeit zu weisen. Dies geschah indessen in sehr unterschiedlicher Form.

Was dachten die griechischen Philosophen über das geglückte Leben und warum ist das heute wichtig?

Gewiss ist seit der Entstehung dieser Konzeptionen viel Zeit vergangen, doch wurden sie in der Folgezeit immer wieder aufgegriffen und nahmen Einfluss auf noch heute vertretene Positionen. Außerdem liefern sie nach wie vor wichtige Paradigmen für die Reflexion über das Verhältnis moralischen Handelns zur Idee des geglückten Lebens.

In stichwortartiger Zusammenfassung lässt sich festhalten, dass für Aristoteles das geglückte Leben in einer tugendhaften Tätigkeit gemäß den besonderen Fähigkeiten des Menschen besteht und zwar das ganze Leben über.[10]

10 Aristoteles, *Nikomachische Ethik I 6*, 1098a, 15–20; Sarah Broadie, *Ethics with Aristotle*, Oxford 1991; Ursula Wolf, *Aristoteles' ‚Nikomachische Ethik'*, Darmstadt [3]2013.

Was Aristoteles mit Tugend meint, wird genauer in Kapitel 3 erläutert. Hier geht es nur darum, dass er diese Charaktereigenschaft als wesentlich für ein geglücktes Leben ansieht, dass dieses jedoch nur völlig gelungen ist, wenn auch äußere Glücksgüter hinzukommen. Auch den Tugendhaftesten wird man nicht vollkommen glücklich preisen, wenn ihm nur immer Schlechtes widerfährt.[11]

Demgegenüber betonen die Stoiker, dass das Glück gerade und einzig im tugendhaften, vernunftgemäßen Leben besteht.

Laut den Stoikern gibt es ein ewiges Weltgesetz, demgemäß allem Lebendigen eine eigene Tendenz zur Selbsterhaltung innewohnt. Beim Menschen wird diese Tendenz weiterentwickelt zur unbedingten Liebe zum eigenen Vernünftigsein, zur eigenen moralischen Integrität, da dies das Einzige ist, das uns ganz und gar zu eigen ist. Da wir alle äußeren Güter – bis hin zum eigenen Leben – verlieren können, dürfen wir an ihnen nicht mit emotionaler Intensität hängen.[12] Die von den Stoikern geforderte *apatheia* ist daher keine Unempfänglichkeit, sondern die Warnung davor, Dingen, die wir nicht ändern können, den sog. *adiaphora*, absoluten Wert beizumessen. Der Weise, so einer der für die Liebe einiger Stoiker zu scheinbar paradoxen Formulierungen typischen Sätze, ist auch auf der Folterbank glücklich.[13] Schließlich kann der Weise unter allen Bedingungen seine moralische Integrität wahren. Die führenden Stoiker hielten sich selbst übrigens nicht für Weise. Ihr Konzept der Immunisierung gegen die Wechselfälle des Lebens ist in sich konsequent, dürfte die meisten Menschen jedoch überfordern. Bis in die Gegenwartsdiskussion bleibt indessen der Gedanke aktuell, dass die moralische Integrität das ist, worauf die Person selbst Einfluss hat, unabhängig von den äußeren Umständen.

Epikur (*341 v. Chr.; †270 v. Chr.), der Gründer der anderen großen Tradition hellenistischer Ethik, wollte den Menschen die Furcht nehmen, die Furcht vor dem Tod, die Furcht vor den Göttern, die Furcht

11 Aristoteles, *Nikomachische Ethik I 9*, 1099a31–1099b8.

12 Diogenes Laertios, *Leben und Meinungen berühmter Philosophen*, Hamburg 1998, VII; Cicero, *De finibus bonorum et malorum*, Stuttgart 1989, III–IV; Maximilian Forschner, *Die Philosophie der Stoa. Logik, Physik und Ethik*, Darmstadt 2018.

13 Cicero, *Tusculanae* 5, 80–82.

vor Krankheit und Schmerz. Das geglückte Leben besteht für ihn in der Lust, die er allerdings nicht als andauernden Genuss, sondern wesentlich als Schmerzfreiheit definiert.

Die fundamentale Form der Lust besteht in der Befriedigung elementarer Bedürfnisse wie Nahrung, Kleidung, Wohnung. Ob Epikus zusätzlich der Ansicht war, man dürfe sich auch Genuss gönnen, solange man unter dessen Verlust nicht leidet, oder ob er ein asketisches Leben forderte, um sich von den äußeren Umständen unabhängig zu machen, ist in der Literatur umstritten. In jedem Fall bedarf es auch für ihn der Tugend um sich die Unabhängigkeit von den Zufällen des Lebens und damit die Kontinuität wahrer Lust und ein geglücktes Leben zu sichern.[14] Dies ermöglicht den Menschen ein Leben in heiterer Gelassenheit, in Ataraxia. Auch die Wissenschaft soll für Epikur den Menschen die Furcht nehmen, nämlich vor den Naturerscheinungen. Diese Aufgabe erfüllt sie heute nur teilweise, sie warnt z. B. eher vor der drohenden Klimakrise. In jedem Fall bietet Epikur vielen Menschen noch immer einen lebbaren Ansatz für ein gutes und geglücktes Leben.

Wie sah man dies später – und wie heute?

Das geglückte (irdische) Leben hat im christlichen Abendland während des Mittelalters allenfalls zweitrangige Bedeutung, da es nur für unsere Zeit *in via*, auf dem Weg relevant ist. Das eigentliche Ziel des menschlichen Lebens liegt nach christlicher Auffassung jenseits desselben, es ist in mittelalterlicher Redeweise die *visio beatifica*, die glückselige Schau Gottes durch die Erlösten *in patria*, in der Heimat.

In der Renaissance und im Verlauf der Aufklärung griff man auch wieder auf antike Traditionen zurück, die allerdings mit christlichen Themen verknüpft wurden. Es entwickelte sich, namentlich in Deutschland, eine Diskussion um die „Glückseligkeit", die man vom bloßen Glück als günstigem Zufall unterscheiden wollte.[15] Wesentlich war auch hier die Frage, welche

14 Maximilian Forschner, *Epikur. Aufklärung und Gelassenheit*, in: Michael Erler/Andreas Graeser, Philosophen des Altertums 2. Vom Hellenismus bis zur Spätantike, Darmstadt 2000, 16–38.

15 Frank Grunert, Die *Objektivität des Glücks. Zur Eudämonismusdiskussion in der deutschen Aufklärung*, in: Frank Grunert, Friedrich Vollhardt (Hg.), Aufklärung als prakti-

Rolle Tugenden spielen sollten und wie man sich zu den Wechselfällen des Schicksals zu verhalten habe. Dabei wurde häufig auf eine Verbindung aus stoischer Gelassenheit und Gottergebenheit zurückgegriffen, doch gab es auch epikureische Ansätze, denen man häufig Atheismus unterstellte und sie dafür heftig kritisierte.[16]

Waren diese „akademischen" Zugangsweisen durchaus noch darauf ausgerichtet, objektive Kriterien der Glückseligkeit zu ermitteln, so hat es sich in der breiteren Öffentlichkeit durchgesetzt, Glück als Glücklichsein, als Sache des subjektiven Erlebens und Empfindens zu verstehen. Dies zeigt sich bereits im eben angesprochenen Märchen, aber auch in populären Anleitungen zum Glücklichsein.

Mit Kant wurde die Glückseligkeit als Element zur Bestimmung des moralisch Richtigen aus der Ethik entfernt. Der Utilitarismus hingegen greift wieder auf das Glück zurück, allerdings in deutlich anderer Verwendung (siehe unten Kap. 4).

Was genau ist also Moral, was ist das Besondere daran?

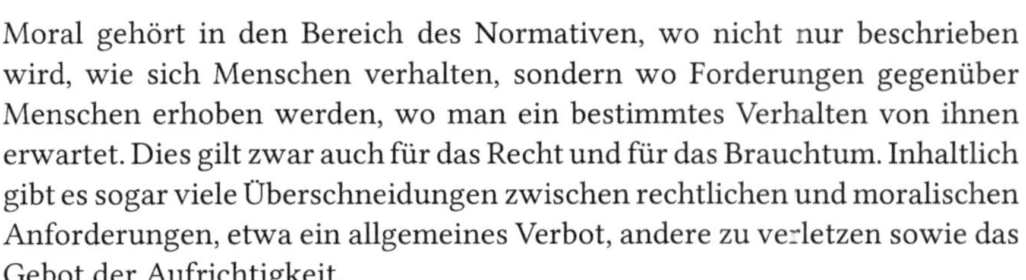

Moral gehört in den Bereich des Normativen, wo nicht nur beschrieben wird, wie sich Menschen verhalten, sondern wo Forderungen gegenüber Menschen erhoben werden, wo man ein bestimmtes Verhalten von ihnen erwartet. Dies gilt zwar auch für das Recht und für das Brauchtum. Inhaltlich gibt es sogar viele Überschneidungen zwischen rechtlichen und moralischen Anforderungen, etwa ein allgemeines Verbot, andere zu verletzen sowie das Gebot der Aufrichtigkeit.

Die spezifische Besonderheit *moralischer* Forderungen besteht – sozusagen in ihrer Reinform – darin, dass sie dem Individuum zumuten, auch ohne Strafdrohungen und anderen äußeren Druck freiwillig Verzicht zu leisten. Sie sollen verzichten, weil dies nach bestimmten Kriterien nötig und richtig ist, weil sie diese Kriterien akzeptieren und

sche Philosophie. Werner Schneiders zum 65. Geburtstag (Frühe Neuzeit, Band 45), Tübingen 1998, 351–368.

16 Ebd.

> deshalb den Verzicht selbst für richtig halten. Der Verzicht kann – anders als beim Brauchtum – wichtige Teile des Lebens erfassen, sogar bis hin zum Opfer des Lebens gehen und wird auch ohne Aussicht auf zukünftige Vorteile und Belohnungen erwartet.

Moralische Standards unterscheiden sich von rechtlichen also erstens anhand ihrer unterschiedlichen Motivationsweisen: Eine Handlung kann rechtlich einwandfrei sein, jedoch aus schlechten Motiven ausgeführt. So wird etwa das exzessive Ausnutzen von Steuerschlupflöchern moralisch getadelt, rechtlich können die Akteur:innen nicht belangt werden. Zweitens beschränkt sich der rein moralische Druck von außen auf Lob und Tadel, vielleicht unterstützt durch Gewissensbisse von innen, während das Drohpotential im Bereich des Rechts bis hin zu physischem Zwang reicht. Moralisch wird man drittens nur für das gelobt oder getadelt, für das man auch persönlich verantwortlich ist. Rechtlich kann man auch für Schäden gemacht haftbar werden, die man nicht verschuldet hat, etwa als Halterin eines Fahrzeugs, auch ohne es selbst beim Unfall gelenkt zu haben. Viertens lässt sich die moralische Richtigkeit oder Falschheit einer Handlung nicht durch eine autoritative Entscheidung verändern. Im Recht kann etwas bis zu einem bestimmten Datum in einem bestimmten Land erlaubt und danach verboten sein – oder umgekehrt,[17] z. B. der Besitz von Haschisch zum Eigengebrauch.

Wenngleich Moral wie Recht in den Bereich des Normativen gehören, können wir über moralische und rechtliche Normen sowie über moralische Überzeugungen in einer externen und einer internen Perspektive sprechen. Das eine Mal berichten wir über Regeln und Auffassungen, die in einer bestimmten Gruppe gelten oder galten, das andere Mal sehen wir uns betroffen und nehmen Stellung. Wir können z. B. *berichten*, dass es in einigen Gesellschaften innerhalb und außerhalb Europas die Institution der Blutrache gab und gibt. Gemäß dieser Regelung sind die Angehörigen eines Gewaltopfers verpflichtet, Rache an den Täter:innen oder deren Angehörigen zu üben. Man kann die von Gesellschaft zu Gesellschaft je etwas verschiedenen Regeln beschreiben, ohne dazu Stellung zu nehmen. Dann bleibt man in der externen Perspektive. Wer jedoch z. B. jemanden kritisiert, weil sie oder er sich nicht an diese angebliche Pflicht gehalten hat – oder auch wer fordert, diesen grausamen und gesellschaftszerstörerischen

17 H. L. A. Hart, *Der Begriff des Rechts*, Berlin 2011, 197–212.

Brauch zu beenden, hat sich in die interne Perspektive begeben. Ebenso kann man natürlich über andere Formen von Moral, aber auch über normative Ethik aus der internen wie der externen Perspektive sprechen.

Gerade in der europäischen Tradition sind ferner die historischen Verbindungen zwischen der gegenwärtigen Ethik und den religiös bestimmten Moralreflexionen vielfältig. Möglicherweise entstammt z. B. der Aspekt moralischer Forderungen, dass man freiwillig und auch ohne Aussicht auf (irdische) Belohnung das Rechte tun solle, ursprünglich den Diskussionen um die Frage, wie wichtig die Rolle des Willens für die Richtigkeit einer Handlung sei. Der Franziskaner Wilhelm von Ockham (*1285; †1347) betonte im Kontext einer Debatte, die im 14. Jahrhundert über die Rolle des Willens bei der Bewertung einer Handlung geführt wurde, dass man z. B. nicht gut handle, wenn man in die Kirche gehe, um dabei gesehen und für seine Frömmigkeit gelobt zu werden, wohl aber, wenn man dies tue, um dem Willen Gottes zu folgen.[18] Dies könnte mit der Intuition verknüpft sein, dass Gott in die Herzen der Menschen sehen und deren Willen erkennen kann. Moralkonzeptionen, die die Bedeutung des guten Willens in den Mittelpunkt stellen, sind keineswegs immer religiös begründet, doch könnten sie gewissermaßen Erben der eben skizzierten Auffassung sein.

Welche anderen Weisen ethischer Differenzierungen gibt es?

Aus diversen Motiven, sei es zum Zweck der Systematisierung, sei es aus ideologischen Gründen oder auch aus dem Blickwinkel verschiedener Wissenschaften, gibt es vielerlei Ansätze der Strukturierung dieses Themenbereichs, die sich vom hier gewählten unterscheiden.

Bei Vertreterinnen und Vertretern der sog. Diskursethik (vgl. unten 4), nicht zuletzt Jürgen Habermas (*1929), wird meist zwischen „Moral" – im Sinne der universell wechselseitig geschuldeten universalistischen Moralität – und Ethos differenziert. Mit Ethos meint man primär verschiedene Kombinationen aus Teilen der nicht-universalistischen Moralkonzeptionen. In etwa parallel dazu wird bei dem amerikanischen Philosophen John Rawls (*1921; †2002) und weiten Teilen der neueren angelsächsischen Debatte

18 Matthias Kaufmann, *imputabilitas als Merkmal des Moralischen. Die Diskussion bei Duns Scotus und Wilhelm von Ockham*, in: Jahrbuch für Recht und Ethik 2, Berlin 1994, 55–65.

zwischen dem universell gültigen „Rechten" und dem wiederum aus den genannten Elementen zusammengesetzten „Guten" differenziert.

Die Identifizierung der Moralität, der sogenannten Aufklärungsmoral mit der Sphäre des Moralischen schlechthin und die klare Einordnung der religiösen Regeln in den Bereich des Ethischen oder des „Guten" entsprechen normativ weitgehend der Position, die hier vertreten wird. Diese ist jedoch, wie gezeigt, keineswegs selbstverständlich, ist vielmehr verbunden mit einer liberalen, jeden einzelnen Menschen für wertvoll erachtenden Grundkonzeption, die ihrerseits gegenüber konkurrierenden Ansätzen immer wieder begründet und verteidigt werden muss.

Den anderen Moralkonzeptionen wird der moralische Status also nicht a priori aberkannt, doch gibt es gute Gründe, sie der universalistischen Moralität nach- und im Konfliktfall unterzuordnen. Das zentrale Argument besagt, dass radikale Versionen der alternativen Moralvorstellungen bereit sind, Menschen ohne individuelle Schuld von der Berücksichtigung als moralisch relevante Personen auszuschließen, sei es, weil sie anderen Traditionen entstammen, einem anderen Glauben anhängen oder zu einer anderen Gruppe, etwa einem anderen Volk, gehören.

Die hier gegebenen Differenzierungen entstammen einer Bemühung, die beobachtbaren Formen moralischer und moral-ähnlicher Grundsätze zu sammeln und zu kategorisieren. Diese Differenzierungen weisen gewisse Überschneidungen mit den von dem Psychologen und Pädagogen Lawrence Kohlberg (*1927; †1987) und seiner Schule benannten und erforschten moralischen Entwicklungsstufen des Menschen auf.[19] Man ging dort auf der Basis empirischer Untersuchungen – knapp zusammengefasst – davon aus, dass Kinder sich zunächst auf Autoritäten beziehen und sich dann um Anerkennung in einer Gruppe bemühen, indem sie sich um andere Gruppenmitglieder kümmern. Später gibt es eine Phase, in der sie sich strikt an allgemeinen Regeln orientieren, schließlich entwickeln einige, nicht alle, die Fähigkeit zum Umgang mit Prinzipien wie dem kategorischen Imperativ. Von feministischer Seite wurde im Anschluss an Carol Gilligans (*1936) Kritik an Kohlberg die Frage diskutiert, ob es eine typisch weibliche und eine typisch männliche Form der Moral gebe, wobei die männliche Moral

19 Lawrence Kohlberg, *The Philosophy of Moral Development. Moral Stages and the Idea of Justice*, San Francisco 1981, deutsch: *Die Psychologie der Moralentwicklung*, Frankfurt/M. [4]1996; Fritz Oser und Wolfgang Althof, *Moralische Selbstbestimmung. Modelle der Entwicklung und Erziehung im Wertebereich*, Stuttgart [3]2001.

ihre typische Entwicklungsstufe in der öffentlichen Gerechtigkeit finde, die weibliche jedoch in der Fürsorge (care).[20]

Diese Einteilung in eine weibliche und eine männliche Moral wurde auch aus feministischer Sicht als Relikt einer patriarchalischen Gesellschaft kritisiert. U.a. verwies Marilyn Friedman (*1945) darauf, dass es sich bei den durch die Geschlechterrollen bedingten unterschiedlichen Verhaltenserwartungen um zufällig aus dem hier als Sitte bezeichneten Bereich erlernte Gewohnheiten, nicht um eine notwendige Trennung der Moralprinzipien nach Geschlechtern handle, zumal Fürsorge und Gerechtigkeit sehr wohl miteinander verträglich seien.[21] Gleichwohl bleibt die *ethics of care*, die wesentlich die konkreten Bedingungen in den Blick nimmt, unter denen Fürsorge (und z. B. Pflege) in unserer Gesellschaft (oder auch in anderen) geleistet wird, äußerst wichtig für die Verbesserung der Situation von darin involvierten Frauen, welche die meiste Last zu tragen haben.

Literaturtipps

Lawrence Kohlberg, *The Philosophy of Moral Development: Moral Stages and the Idea of Justice*, San Francisco 1981.

Carol Gilligan, *In a Different Voice*, Cambridge 1982.

Elisabeth Conradi, *Take Care. Grundlagen einer Ethik der Achtsamkeit*, Frankfurt/M./New York 2001.

Marilyn Friedman, *What Are Friends For?*, Ithaca/New York 1993.

Warum soll man es nicht dabei belassen, unter Moral nur die universalistische Moral zu verstehen?

Es gibt gut Gründe, diese Form von Moral als wichtigste und besonders qualifizierte Form derselben zu identifizieren: Sämtliche Versuche, moralische Berücksichtigung auf bestimmte Gruppen oder auf Träger:innen bestimmter Merkmale zu beschränken und alle Anderen auszuschließen, sei es aus religiösen oder nationalistischen Motiven, sei es aufgrund des Geschlechts,

20 Carol Gilligan, *In a Different Voice*, Cambridge 1982; Elisabeth Conradi, *Take Care. Grundlagen einer Ethik der Achtsamkeit*, Frankfurt/M./New York 2001.

21 Marilyn Friedman, *What are Friends for? Feminist Perspectives on Personal Relationships and Moral Theory*, Ithaca 1993, 127; Grace Clement, *Care, Autonomy, and Justice: Feminism and the Ethic of Care*, Boulder 1996.

der Hautfarbe oder anderer Kriterien waren zu Recht heftiger Kritik ausgesetzt und erwiesen sich am Ende als nicht begründbar. Doch gilt es eben, diese besondere Rolle der Aufklärungsmoral ihrerseits zu begründen – wenigstens mit diesem einfachen und leicht nachvollziehbaren Argument – und nicht einfach vorauszusetzen und die anderen Auffassungen schlicht zu ignorieren. Da eben viele moralische Urteile im Alltag im Bereich der Sitte getroffen werden – manchmal kommen auch Gruppenloyalitäten oder religiöse Forderungen ins Spiel – kann die universalistische Moral mitunter eine Überprüfungsfunktion einnehmen, wenn verschiedene Sichten konfligieren.

Welche Typen von Moral lassen sich vereinbaren und welche nicht?

Manche der eben angeführten Moralformen schließen einander aus, wie die humanitäre, zumindest alle Menschen berücksichtigende universalistische Moral und ein radikaler religiöser Fundamentalismus. Andere sind ohne weiteres miteinander kombinierbar. So gibt es zunächst keinerlei Problem, wenn jemand – sei es eine Christin, Buddhistin, Jüdin oder eine Muslima – einem religiösen Glauben anhängt und zugleich eine universalistische Moral vertritt, weil sie der Überzeugung ist, dass ihr Glaube für ihren persönlichen Weg zum richtigen Leben essentiell ist, dass sie jedoch anderen Menschen nur Dinge zumuten kann, die menschlicher Vernunft zugänglich sind, während ihr Glaube teilweise auf Offenbarungen beruht. Die verbindenden und die trennenden Elemente von Universalismus und Gruppenmoral werden im nächsten Abschnitt diskutiert. Religiöse Normensysteme enthalten in der Regel – oftmals ins Leben nach dem Tod zielende – Glücksangebote. Ferner gehen religiöser Fundamentalismus und ein auf die Gruppe, eben auf die Glaubensgemeinschaft bezogenes Kriegerethos, das bis zur Forderung nach Selbstmordattentaten reichen kann, nicht selten Hand in Hand. In den letzten Jahrzehnten traten islamistische Organisationen wie Al Quaida, Boko Haram oder auch der Islamische Staat vermehrt in Erscheinung, doch enthalten auch andere Religionen Elemente, die von einigen Gläubigen als Aufforderung zu militanter Abgrenzung gedeutet werden.

Für Alasdair MacIntyre (*1929), einen Kritiker der universalistischen Moralität, ist hingegen Patriotismus, also eine Form der Gruppenmoral, nur mit partikulärer Sittlichkeit, nicht jedoch mit „abstrakter Moralität“ vereinbar.[22] Dies scheint insofern unrichtig, als auch aus einem universalistischen Standpunkt die Bereitschaft, sich für die Menschen einzusetzen, mit denen man faktisch verbunden ist – oder für die man z. B. als Politikerin Verantwortung übernommen hat – zu den moralisch lobenswerten Eigenschaften gehört. Mit der moralischen Verabsolutierung der politischen Einheit ohne jede Rücksicht auf alle anderen ist universalistische Moral tatsächlich nicht vereinbar.

MacIntyre sieht jedoch das gesamte Projekt der modernen Moralität, also gerade das, was hier „universalistische Moral" oder „Aufklärungsmoral" genannt wurde, als gescheitertes Unternehmen an und macht als Grund des angeblichen Scheiterns das Verlassen des aristotelischen Traditionalismus aus.[23] Ohne dies hier ausführlich diskutieren zu können, seien Zweifel an der These angemeldet, dass ein aristotelischer Entwurf des geglückten Lebens als Tätigkeit gemäß der Tugend, wie er eben stichwortartig angesprochen wurde, notwendigerweise unvereinbar mit neuzeitlicher Moralität sei (vgl. unten Kap. 3). Gewiss beschreibt man in griechischer Tradition eher das vorbildliche Verhalten des Weisen, während man später allgemeine Gesetze und – noch abstrakter – Kriterien zur Beurteilung von Regeln sucht. Gerade die erwähnte deutsche Naturrechtsdiskussion im 17. und 18. Jahrhundert beweist, dass hier kein abrupter ethischer Paradigmenwechsel stattfindet, sondern eine allmähliche Verlagerung des Erkenntnisinteresses in der Ethik.

Was ist Metaethik?

Wie eingangs festgehalten, wird Ethik häufig als philosophische Reflexion über Moral verstanden. Zu dieser philosophischen Reflexion gehört seit jeher die Untersuchung der verwendeten zentralen Termini, die Überprüfung der gezogenen Schlüsse auf ihre Gültigkeit, generell der theoretischen Positionen auf ihre Widerspruchsfreiheit. In philosophischen Texten ist in Bezug auf solche Aktivitäten oft von Metaethik die Rede. Metaethik in diesem Verständnis untersucht die Varianten der ethischen Argumentationsstrategien, etwa mit Methoden der Sprachanalyse, der Logik, oder mittels historischer Forschung über die Entwicklung der Begriffe. Sie trifft Aussagen über den Status moralischer Sätze, über ihren Wahrheitsanspruch,

22 Alasdair MacIntyre, *Ist Patriotismus eine Tugend?*, in: Axel Honneth (Hg.), Kommunitarismus, Frankfurt/M. 1984.

23 Alasdair MacIntyre, *After Virtue*, London 1985, Kap. 9.

ihre möglichen Implikationen und ihre Begründbarkeit. Man folgt dabei einer Ausdrucksweise der formalen Logik, bei der in einer „Metasprache" Sätze über die in „Objektsprache" formalisierten Systeme bewiesen werden. Entsprechend wird die Metaethik in Theorien besonders relevant, denen zufolge die Sätze der Moral selbst nicht begründbar, etwa nur Ersatz für emotionale Ausrufe sind.[24] Im Falle der Ethik gibt es jedoch nach Ansicht der meisten Philosoph:innen keine vergleichbar scharfe Trennlinie wie bei der formalen Logik. Da man von philosophischer Reflexion auch einen reflektierten Umgang mit den verwendeten Methoden erwarten kann, gibt es Stimmen, die auf die Rede von Metaethik lieber verzichten wollen, weil es sich eher um Metamoral handle.[25] Für den Umgang der meisten Menschen mit ethischen Fragen spielt sie jedenfalls keine entscheidende Rolle.

Braucht man moralische Regeln oder erzeugen sie neue Probleme?

Wie erwähnt, ist es in der gesellschaftlichen Realität schwierig, beinahe unmöglich, jeglichen moralischen Ansprüchen zu entrinnen. Damit ist noch nicht entschieden, ob dies so bleiben muss. Bei jeder intensiven Beschäftigung mit Fragen der Ethik wird irgendwann die Frage unausweichlich, ob „die Moral" wirklich ein notwendiger Bestandteil menschlichen Zusammenlebens sei. Ist sie vielleicht nur ein anderes Instrument zur Unterdrückung, wie manche sagen, der Unterdrückung der Starken durch die Schwachen, oder auch der Unterdrückung der Schwachen durch die Starken, wie andere sagen? Beides wurde bereits in der griechischen Sophistik diskutiert.[26] Während Hippias in Platons *Protagoras*-Dialog die Anwesenden als Gleiche von Natur verwandt erklärt (Platon, *Protagoras* 337c, d), tritt Kallikles im Dialog *Gorgias* vehement dafür ein, dass der Edle und Starke nach dem Recht der Natur mehr haben und die Schwachen beherrschen müsse (Platon, *Gorgias* 483c–484a).

Friedrich Nietzsche (*1844; †1900) sah sich mit seiner Kritik an der dem „Ressentiment" entspringenden „Sklavenmoral" des Christentums in

---

24 Markus Rüther, *Metaethik. Zur Einführung*. Hamburg 2015.

25 Annemarie Pieper, *Einführung in die Ethik*, UTB 2007, 78ff.

26 Bereits in der griechischen Sophistik betonten einige Autoren die Gleichheit, andere die Ungleichheit der Menschen, Andreas Graeser, *Die Philosophie in der Antike 2. Sophistik und Sokratik, Platon und Aristoteles*, München [2]1993, 71–77.

der Tradition mancher dieser Denker. Hegel kritisierte, für die moralisch Denkenden ergebe sich „der moralische Zweck, das Schlechte auszurotten".[27] Wir kennen das Problem, dass moralisch fest überzeugte Menschen dazu neigen, andere zu bedrängen. Eine andere Form der Kritik richtet sich gegen den angeblich vagen, noch dazu nicht objektiven Charakter moralischer Forderungen. Skeptische Zweifel gegenüber „der Moral" gibt es ungefähr so lange, wie es philosophische Reflexion über dieselbe gibt. Häufig waren solche Zweifel der Anlass für philosophische Versuche der Moralbegründung.

Die Frage, ob sich moralische Ansprüche nicht abschaffen lassen, kann in der Form gestellt, werden, (i) ob man denn überhaupt Wertungen braucht, oder in der, (ii) ob man moralische Wertungen braucht, oder in der, (iii) ob man sich moralische Wertungen in seinem Leben zu eigen machen muss, ob es nicht angenehmer wäre, moralische Forderungen aus dem individuellen Leben auszublenden.

Es wird sich im Folgenden zeigen, dass es vielleicht nicht möglich, dass es jedenfalls gewiss nicht ratsam ist, moralische Wertungen aus dem sozialen Leben zu entfernen. Doch kann man sehr wohl zwischen den unterschiedlichen Typen von Forderungen wählen, die den Anspruch erheben, moralischer Natur zu sein, wie eben bereits gezeigt wurde. Ob diese Wahl in rationaler Weise geschehen kann, soll Gegenstand des zweiten Kapitels werden.

---

27 Hegel, *Grundlinien der Philosophie des Rechts*, § 140; Hare, *Sprache der Moral*, II 9; Mackie, *Ethik*, 2.2.

Literaturtipps

Rüdiger Bittner, *Moralisches Gebot oder Autonomie*, Freiburg/München 1983.

Ursula Wolf, *Das Problem des moralischen Sollens*, Berlin/New York 1985.

John Leslie Mackie, *Ethik. Die Erfindung des moralisch Richtigen und Falschen*, Ditzingen ^{3}2000.

Kurt Bayertz, *Warum überhaupt moralisch sein?*, München 2006.

Warum nicht einfach „objektiv" beschreiben und urteilen? – Billigung und Missbilligung

Man könnte an der Begründbarkeit moralischer Forderungen, oder überhaupt von normativen Sätzen, also Ansprüchen und Forderungen, zweifeln, weil wir kein Verfahren besitzen, um festzustellen, ob sie wahr oder falsch sind. Wir können Sätze, in denen Beobachtungen mitgeteilt oder Sachverhalte behauptet werden, zumindest „im Prinzip" verifizieren oder falsifizieren. Dies können sehr einfache Sätze sein, wie „Diese Rose duftet." oder allgemeine wie „Im Herbst verlieren die Eichen ihre Blätter." Es kann sich auch um komplexere Sätze handeln, z. B. über die Halbleitereigenschaften von Silizium. Ähnliches gilt für mathematische Behauptungen, seien es solche trivialer Art oder komplizierte algebraische Sätze, selbst wenn es bei letzteren mitunter längere Zeit dauert, bis ein Beweis vorliegt.

Anders steht es mit Sätzen wie „Bleib hier!" oder „Hoffentlich regnet es bald!" oder „Du sollst nicht stehlen!" oder „Du sollst nicht töten!". Ähnlich wie bei Sätzen, mit denen wir ausdrücken, was wir wünschen, hoffen oder fordern, erklären wir nicht die Sätze für falsch, wenn das Gewünschte, Erhoffte, Geforderte nicht eintritt, sondern äußern unser Bedauern oder unsere Missbilligung über den Stand der Dinge. Wer als treuer Fan auf den Sieg der Mannschaft A hoffte, ärgert sich normalerweise, weil diese verloren, nicht, weil er Falsches gehofft hat.[28] Eine *Reduktion* dieser Art von Stellungnahmen auf objektive Beschreibungen ist für unsere Lebens*praxis* deshalb nicht möglich, weil wir wie die Tiere das Angenehme suchen und das Unangenehme meiden, also in einem zunächst ganz banalen Sinne *werten* und werten müssen. Zwar kann man *beschreiben*, dass man selbst oder eine andere Person den Zustand X billigt oder missbilligt, etwa den

28 Anthony Kenny, *Will, Freedom and Power*, Oxford 1975.

Dauerregen nicht leiden kann. Man nimmt dann den schon erwähnten externen Standpunkt, die Perspektive der dritten Person ein und beschreibt Wünsche, Ängste etc. ohne dazu Stellung zu nehmen. Dies mag hilfreich bei der Reflexion über unsere oder anderer Leute Stellungnahmen sein, kann sie jedoch nicht ersetzen.

Sicher würden Ausrufe wie „Au“, „Oh“, „Hurra“ oder auch noch elementarere Signale genügen, um Angenehmes und Unangenehmes auszudrücken. Wie bereits Aristoteles festhielt,[29] besitzen wir aber dank der Fähigkeit zu argumentierender Rede auch die Möglichkeit, uns über das Nützliche und Schädliche, sowie das Gerechte und Ungerechte zu verständigen. Unsere Bewertungen beziehen sich nicht nur auf Ereignisse der Gegenwart und unmittelbar naher Zukunft, sondern auch auf entferntere, oft komplizierte Sachverhalte. Wir üben uns in Prävention, schließen Versicherungen ab, weil wir uns vor zukünftigen Krankheiten fürchten, manche legen Geld an, um Altersarmut zu vermeiden. Unsere Bewertungen beziehen sich zudem nicht nur auf Naturereignisse wie das Wetter, Steinschläge, Infektionen oder Ähnliches, sondern wesentlich auf das Verhalten unserer Mitmenschen. Dieses muss in gewissem Maße vorhersagbar sein, damit wir unsere Pläne durchführen können. Ein Mittel, diese Kontinuität des Verhaltens zu sichern, sind sprachliche Manöver wie Lob und Tadel, deren Adressaten wir werden und die wir an andere Menschen richten. Solange Ethik mit unserem Leben zu tun haben soll, wird man auf diese Form der wertenden Rede nicht verzichten können.

Bedarf es für moralische Wertungen unbedingt *objektiver* Werte?

Lob und Tadel enthalten oft moralische Wertungen, die auf eine oder mehrere der eben genannten Begründungen zurückgreifen. Es gibt immer wieder Diskussionen darum, ob nun zum menschlichen Leben moralische, nicht am eigenen Vorteil ausgerichtete Verhaltensweisen gehören müssen, oder ob es genügt, sich am langfristigen eigenen Nutzen auszurichten.[30] Geschäftsleute können etwa Kunden ehrlich behandeln, weil sie überzeugt sind, dass sich das auf Dauer auszahlt. Ihr Verhalten ist dann ebenso erfreulich für die

29 Aristoteles, *Politik I 2*, 1253a9-18.

30 vgl. z. B. John Leslie Mackie, *Ethics, Inventing Right and Wrong*, Englewood Cliffs 1977, deutsch: *Ethik. Die Erfindung des moralisch Richtigen und Falschen*, Stuttgart 2014.

Kundinnen und Kunden, wie wenn sie dies aus rein moralischem Antrieb tun, ohne an den langfristigen Vorteil zu denken. Braucht die Gesellschaft also unbedingt moralische Motive der in ihr lebenden Menschen? Und wenn man sie braucht, sind für die Aufrechterhaltung moralischer Forderungen absolute, zeitlose, objektive Werte unabdingbar?

Die Annahme objektiver Werte ist nicht unbedingt auf Göttinnen oder andere himmlische Entitäten als Urheber:innen der Moral angewiesen. Unsere gemeinsame Redeweise über moralisch Richtiges, Gutes, Gesolltes, Gebotenes scheint für viele Menschen solche objektiven Werte vorauszusetzen. Platon nahm eine von uns Menschen unabhängige Idee des Guten an, auf die unsere moralischen Urteile zurückgehen. Es zeigten sich jedoch auch immer wieder theoretische Probleme mit dieser Art von Gegenständen, die wir nicht in ähnlicher Weise in der Natur vorfinden wie Felsen, Wolken, Mücken und Elefanten, die wir aber (angeblich) auch nicht konstruieren wie Häuser, Fahrräder oder mathematische Objekte. Jedenfalls fanden die Theorien, die moralische Werte als objektive, von menschlicher Aktivität unabhängige Gegenstände annahmen, keine allgemeine Zustimmung. Bereits der mittelalterliche Theologe Ioannes Duns Scotus (*1266; †1308) ordnete die moralische Güte eines Aktes als *ens rationis,* als Gedankending ein.[31]

Inwieweit die diversen philosophischen Ethikansätze wie etwa der von Aristoteles oder die kantische Ethik auf die Annahme objektiver Werte angewiesen sind, kann hier nicht näher untersucht werden. Es lässt sich vermuten, dass ihre zentralen Positionen sich auch ohne eine solche Annahme formulieren ließen.

Bei unserer Alltagsrede über moralische Fragen sind wir nicht zwingend auf die Setzung objektiver moralischer Gegenstände angewiesen, auch wenn es auf den ersten Blick anders scheinen mag. Der alltägliche Umgang mit dieser Art Vokabular ist eher ontologisch ambivalent. Wer sagt, Zahnarztbesuche seien nützlich, um die Zähne zu erhalten, ist nicht auf die Annahme eines Dings namens „Wert des Zahnerhalts" angewiesen, das größer ist als der Unwert des durch den Bohrer verursachten Schmerzes. Ähnlich muss man, um innerhalb einer militärischen Auseinandersetzung Terror gegen die Zivilbevölkerung als Kriegsverbrechen zu verurteilen, nicht auf die Existenz objektiver Werte insistieren, durch welche diese Taten zu Verbrechen und damit erst verurteilenswert werden. Dennoch kann

31 Ioannes Duns Scotus, *Quodlibet qu. 18,* ed. Wadding XII 486.

man diese Verurteilung für allgemein gültig halten. Die Verdinglichungen sind zumeist nachgeschobene philosophische oder auch theologische oder juristische Zusatzleistungen, Resultate der falschen Neigung, überall da, wo unsere Sprache Gegenstände vermuten lässt, solche anzunehmen.

Wir können rational über die Widerspruchsfreiheit, wechselseitige Verträglichkeit und Generalisierbarkeit von Wünschen, Zielen etc. diskutieren, ohne die Existenz solch widerborstiger Sachen wie objektiver Werte annehmen zu müssen. Man kann auch im Bereich der Ethik die Grundsätze offener Rationalität anwenden: Deskriptive wie präskriptive Sätze ermöglichen demnach keine isolierte Beurteilung nach wahr oder falsch, bzw. richtig oder falsch, sondern werden unter Rückgriff auf ein ganzes Netzwerk von Annahmen, Voraussetzungen und Bewertungen evaluiert. Prinzipiell ist kaum ein Urteil für immer gegen jegliche Revision gefeit, doch werden stets nur Teile des Netzwerkes nach gewissen Rationalitätskriterien ausgetauscht.

Sind größere Gruppen von Menschen auf moralische Regeln angewiesen? Wenn ja, auf welche?

Bei der Frage, inwieweit menschliches Zusammenleben auf das Bestehen moralischer Regeln angewiesen ist, kann man sich auf eine Überlegung des schottischen Philosophen David Hume besinnen. Hume sieht die Gerechtigkeit als eine künstliche, von Menschen eingeführte Tugend an und meint, angesichts der Selbstsüchtigkeit des Menschen, der Begrenztheit seiner Einsatzbereitschaft für Andere und der Begrenztheit der zur Verfügung stehenden Ressourcen seien die Vorteile, die eine Institution wie die Tugend der Gerechtigkeit für den Bestand der Gruppe, aber im Normalfall auch für die Einzelnen mit sich bringt, leicht einzusehen.[32]

In der Tat: Als *zoon politikon,* als soziales, staatenbildendes Lebewesen[33] kann der Mensch letztlich nicht wählen, ob er in einer Gruppe aufwachsen und bis auf Ausnahmefälle auch nicht, ob er in einer Gruppe leben will, allenfalls in welcher. Die Stabilität der Gruppe ist dabei meist von Vorteil für die Einzelnen. Laut einem Evolutionsargument werden sich auf Dauer die Gruppen, in welchen die Individuen freiwillig zu sozial vorteilhaftem Verhalten tendieren, gegenüber solchen durchsetzen, bei denen dies nicht

---

32 David Hume, *Eine Untersuchung über die Prinzipien der Moral,* Abschnitt III, Stuttgart 1984, 101–125.

33 Aristoteles, *Politik I,* 1253a2-20.

so ist.[34] Solche Einstellungen sind eine wesentlich sicherere Grundlage für den Fortbestand der Gruppe als die rein auf der Selbsterhaltung basierende Furcht vor Strafe, auch als das wohlverstandene Selbstinteresse. Auch ohne Evolution spricht Einiges für moralische Einstellungen: Kaum jemand wollte in einer Gesellschaft leben, in der sich nicht nur eine Minderheit, sondern alle Beteiligten kontinuierlich überlegen, ob es sich rentiert, die Nächsten zu überfallen oder jedenfalls zu übervorteilen, oder ob die Folgekosten, etwa das Risiko inhaftiert und verurteilt zu werden, zu hoch wären. In Segmenten unserer Gesellschaft, in denen Menschen ausschließlich oder weitestgehend in dieser Weise agieren, etwa im Umfeld des organisierten Verbrechens, scheinen sie einem deutlich erhöhten Stress ausgesetzt zu sein.

Das Evolutionsargument besitzt wohl eine gewisse intuitive Plausibilität, wenngleich präzise empirische Bestätigungen schwierig sein dürften. Dass Gruppen im Vorteil sind, in denen moralische Einstellungen unter ihren Mitgliedern verbreitet sind, sagt jedoch nichts darüber aus, *welcher Form* die Moral der Gruppe zu sein hat. Es besagt insbesondere nicht, dass es sich dabei um eine auf liberalen Prinzipien basierende humanitäre Moralität zu handeln hat, die eben als universalistische Moral oder Aufklärungsmoral bezeichnet wurde. Wie gezeigt kann mit „Moral“ Verschiedenes gemeint sein. Entsprechend können wir seit einigen Jahrzehnten beobachten, wie gerade Gesellschaften, die diese humanitäre Moral umzusetzen versuchen, von innen und außen als angeblich unmoralisch kritisiert werden. Kritiker:innen dieser Moralauffassung verstehen sich dabei als eher „konservativ“ eingestellt und sind an spezifischen Elementen der Sitte orientiert. Sie berufen sich häufig auf eine bestimmte Deutung religiöser Gebote und weisen dabei eine gewisse Nähe zu autoritären Strukturen auf. Als einer der Gründe oder jedenfalls als Anzeichen der vermeintlichen Amoralität liberaler Gesellschaften wird die Toleranz gegenüber der Homosexualität angeführt. In der Tat hat sich die universalistische Moralkonzeption, und mit ihr verbunden die individuellen Freiheitsrechte, aus der Einsicht entwickelt, dass viele der als „moralisch“ qualifizierten Forderungen an die Lebensgestaltung in Wahrheit auf unkritisch übernommenen Traditionen oder unbegründeten Dogmen basierten. Auch deshalb spricht man von Aufklärungsmoral, obwohl viele Formen der Diskriminierung zwar mit aus aufklärerischen Prinzipien entstandenen Argumenten, aber erst Jahrhunderte nach der Aufklärungszeit in einigen Ländern beseitigt wurden, in

34 John Leslie Mackie, *Ethik*, 142.

andern bestehen sie bis heute. Zu diesen Grundsätzen gehört es auch, dass bei Fragen individueller Lebensgestaltung nicht die Adressatin angeblich moralischer und anderer Forderungen sich zu rechtfertigen hat, sondern diejenigen, die diese Forderungen vorbringen.

Warum ist nicht einfach Gruppenmoral das Beste für die Gruppe?

Um nun das Argument von der größeren Beständigkeit moralisch ausgerichteter Gruppen wieder aufzugreifen, so kann für einige Zeit eine Gruppe mit feudaler Kriegermoral durchsetzungsfähiger sein als ein auf Werten wie Demut und Nächstenliebe basierendes Gesellschaftssystem. Eine solche Kriegermoral stellt besonders rigide Forderungen nach Hintanstellung persönlicher Neigungen gegenüber dem Wohl der Gruppe. Machiavelli jedenfalls lobte die römische Republik mitsamt ihrer von blutigen Opfern begleiteten Religion, die viel eher für ruhmreiche Eroberungen geeignet sei als das auf Demut basierende Christentum.[35] Freilich hinderte alle christliche Demut die europäischen Mächte nicht an der Eroberung und Kolonisierung ganzer Kontinente und den damit verbundenen Gräueltaten.

Nun ist eine solche Gruppen- und Kriegermoral in der Regel verbunden mit der Bereitschaft zur Grausamkeit und Zurücksetzung anderer Moralinhalte, was bereits der neapolitanische Philosoph Giambattista Vico (*1669; †1744) im 18. Jahrhundert kritisierte.[36] Ferner gehört es zu ihrem Prinzip, Menschen nur aufgrund ihrer zufälligen Zugehörigkeit zu einer anderen Gruppe auszuschließen oder gar zu verfolgen und zu bekämpfen. Schon deshalb findet sie heute nicht allgemeine Akzeptanz. Allerdings haben in den letzten Jahrzehnten Populismus und wiedererstarkter Nationalismus dieser Moralkonzeption einigen Zulauf eingebracht. Nur sollte man sich auch hier überlegen, ob es wünschenswert erscheint, dass politisches Führungspersonal stets neu überlegt, ob sich Konfrontationen bis hin zum Krieg rentieren könnten, etwa wenn man innenpolitisch unter Druck gerät. Zudem kann eine an dieser Art von Denken orientierte Politik in Zeiten der globalen Vernetzung und Verflechtung eine massive Bedrohung für weite Teile der Menschheit darstellen, wie man z. B. seit dem Jahr 2022 anhand

---

35 Machiavelli, *Discorsi I*, 11.

36 Giambattista Vico, *Scienza Nuova* (1744) § 1021.

des russischen Angriffskrieges auf die Ukraine feststellen muss, durch den Menschen in vielen Teilen der Welt vom Hunger bedroht sind.

Ist Universalismus mit Fürsorge und Solidarität vereinbar?

Einem gängigen, bereits erwähnten Vorwurf gegenüber der universalistischen Moral gemäß erlaubt diese nicht die Fürsorge z. B. gegenüber Familienangehörigen. Ebenso wenig gestattet sie angeblich Solidarität gegenüber den Mitgliedern einer Gemeinschaft oder auch patriotisches Verhalten. Dieser Ansicht nach müsse, wer universalistischen Normen folgt, alle Menschen, evtl. auch noch einige Tiere unterschiedslos berücksichtigen.

Dies trifft jedoch nicht zu. Vielmehr zeigt sich ein tiefgreifendes Missverständnis: Es ist nach universalistischem Moralverständnis nicht nur erlaubt, sondern geboten, die Fürsorge zunächst denen zu widmen, für die man auf irgendeine Weise Verantwortung übernommen hat. Dies können z. B. die eigenen Kinder, Lebensgefährt:innen oder Personen, die uns aus anderen Gründen nahestehen, wenn etwa die Pflege greiser oder chronisch Kranker Angehöriger übernommen wird. Eine Politikerin ist primär denen verpflichtet, die sie repräsentieren darf, weil sie dazu ausgewählt wurde. Solidarität mit konkreten Gemeinschaften, in die man kontingenterweise hineingeraten ist oder die man sich ausgesucht hat, sei es z. B. eine Nachbarschaft, eine Schulklasse, ein Sportverein, eine Region oder sogar ein ganzes Land, ist zunächst ebenfalls lobenswert.

Es bleibt allerdings die Forderung bestehen, die nicht zur jeweiligen Gemeinschaft gehörigen Personen nicht aus der moralischen Berücksichtigung auszuschließen. Sie dürfen z. B. gleichfalls nicht betrogen oder willkürlich geschädigt werden. Zudem ist nicht jeder Einsatz für eine Gemeinschaft moralisch akzeptabel. Solidarität mit Mafiafamilien oder Clanstrukturen ist ebenso verwerflich wie Loyalität und Corpsgeist in Polizei, Militär und Kirche, wenn dadurch Verbrechen von Beamt:innen, Soldat:innen und Seelsorger:innen gedeckt werden.[37] Wie im jeweils konkreten Fall zwischen den universalistischen Prinzipien und den Ansprüchen der Gruppe abzuwägen ist, kann nicht in wenigen Sätzen festgelegt werden.

37 Über Loyalität, Solidarität und ihren richtigen Einsatz vgl. Heft 1, Jg. 8 (2022) der Zeitschrift für Kultur- und Kollektivwissenschaft, Hg. Jan-Christoph Marschelke und Danaë Simmermacher.

Es geht bei der universalistischen Moral darum, dass die Gebote der Nichtverletzung, der Aufrichtigkeit usw. über die Gruppenmitglieder hinaus prinzipiell auch für solche gelten, die anderer Nation, anderer Hautfarbe oder anderen Geschlechts oder z. B. Mitglied der LGBTQ-Community sind und dass Ungleichbehandlung einer besonderen Begründung bedarf. Wie gesagt sind diese Prinzipien im Verlauf der Aufklärung entstanden, nachdem man als Reaktion auf blutige religiöse Bürgerkriege ab dem Ende des 17. Jahrhunderts ein letztes Prinzip des Naturrechts suchte. Dies bedeutet nicht, dass die europäischen Mächte der Aufklärungszeit diese Prinzipien befolgt hätten, auch nicht, dass die berühmten Philosophen jener Zeit frei von rassistischen und sexistischen Vorurteilen gewesen wären. Es bedeutet nur, dass sich Grundsätze entwickelten, die heute für die Zurückweisung jeder Diskriminierung entscheidend sind.

Diese besagen in erster Näherung, dass zumindest alle Personen, alle Menschen, alle fühlenden Wesen schutzberechtigt sind und dass alle Personen die Pflicht haben, sich für diesen Schutz gemäß ihren Möglichkeiten einzusetzen.

Ist Moral grundsätzlich „übergriffig"?

Diese Pflicht wird seit jeher vielfach als Zumutung empfunden, Nietzsche forderte gar „ein heiliges Nein auch vor der Pflicht". Bei genauer Betrachtung erweisen sich jedoch zumindest einige Formen der sogenannten Moralkritik als im Kern moralisch inspiriert. Wer etwa die Moral als Unterdrückungsinstrument der Herrschenden geißelt scheint Unterdrückung, d. h. übermäßig harte und ungerechtfertigte Herrschaftsausübung generell abzulehnen und die Herrschenden zum Schutz der Beherrschten zu verpflichten. Sonst würde sie nur den Austausch des Personals erstreben. Wer die moralische Gängelung des Individuums durch moralisierende Rechthaber:innen beklagt, fordert von denen, die sich als die Guten verstehen, den Verzicht auf übertriebene Druckmittel, um ihr Gegenüber nicht zu verletzen. Bis zur bissigen Karikatur hat gerade Nietzsche dies vorangetrieben: „So ihr aber einen Feind habt, so vergeltet ihm nicht Böses mit Gutem: denn das würde beschämen. … Und wenn euch geflucht wird, so gefällt es mir nicht, dass ihr dann segnen wollt. Lieber ein wenig mitfluchen!" Wir sollen also weder die

Feinde noch die Fluchenden unsere moralische Überlegenheit spüren lassen, indem wir Böses mit Gutem vergelten oder sie segnen.[38]

Es scheint in der Praxis kaum möglich, jeglichen moralischen Ansprüchen zu entrinnen, sich dem moralisch aufgeladenen Diskurs zu entziehen. In sämtlichen menschlichen Gruppen größeren Umfangs gibt es u. a. auch moralische oder zumindest mit ihnen vergleichbare religiöse, sittliche oder rechtliche Forderungen. Das Bewusstsein moralischer Verpflichtung ist vermutlich ein notwendiges Element für den Fortbestand einer Gesellschaft. Selbst die Gegnerin gesellschaftlicher moralischer Forderungen wird auf moralische Grundsätze wie ein individuelles Recht auf Nicht-Behelligung und Nicht-Entmündigung, auf Schutz ihrer Persönlichkeitsrechte und ergo die Pflicht der anderen zur Zurückhaltung zurückgreifen müssen, um sich gegen ihrer Ansicht nach unberechtigte Forderungen ihrer Mitmenschen zur Wehr zu setzen.

Doch bleibt eben die Möglichkeit, innerhalb des Spektrums moralischer Ansprüche für bestimmte Inhalte und Formen derselben einzutreten. Und hier spricht in der Tat auf vielen Ebenen einiges dafür, im Sinne der humanitären universalistischen Moral die Position des Individuums stark zu machen, nicht zuletzt, um es so weit wie möglich vor fanatischen Tugendwächter:innen zu schützen.

Warum soll ich moralisch sein? Lohnt sich das Verbrechen?

Wenn es nun schwierig ist, die Praxis moralischer Forderungen zu beseitigen, warum sich ihrer nicht in der Weise bedienen, dass man ihre Einhaltung nach außen lautstark propagiert, sie auch von anderen einfordert, sich selbst jedoch nur so lange daran hält, bis die Möglichkeit zu ungestrafter Übertretung besteht? Vorteilhafter als wahrhaft moralisches Verhalten wäre demnach der Anschein des Moralischseins in Verbindung mit heimlichen Verstößen gegen die anerkannten Prinzipien, sobald diese Verstöße Vorteile bringen. Dies empfiehlt Machiavelli seinem Fürsten, da so sämtliche Handlungsalternativen offenbleiben und seine Wirkungsmöglichkeiten nicht durch moralische Skrupel einschränkt werden. Mit großer Bewunderung

38 Nietzsche, *Also sprach Zarathustra*, 1.Teil, *Vom Biß der Natter.*

beschreibt er, wie Papst Alexander VI. (*1431; †1503) von Liebe und Verständigung sprechen und zugleich das Gegenteil tun konnte.[39]

Doch hat es seine Ursachen, wenn derselbe Machiavelli resigniert feststellen muss, den wenigsten Menschen gelinge es, richtig böse zu sein.[40] Wohlgemerkt, es geht hier nicht um die kleinen Unanständigkeiten – also Verhaltensweisen, die den Erwartungen, die andere und die wir selbst uns gegenüber haben, zuwiderlaufen –, die wir uns alle gönnen, es geht um Verstöße gegen die zentralen Moralgrundsätze. Nur wenige Menschen sind bereit, aus Prinzip böse zu sein, d. h. den Verstoß gegen möglicherweise sämtliche von ihnen nach außen hin als richtig anerkannten Normen zum festen Bestandteil des Lebensplanes zu machen, sobald es ihnen Vorteile bringt.

Das ist keineswegs irrational. Die meisten Menschen können nur dann überzeugend lügen, wenn sie selbst in gewissem Ausmaß an die Lüge glauben. Daher wären Personen, die solches versuchen, in erheblich größerem Maße von inneren Konflikten bedroht als solche, die sich um ein Leben gemäß den für richtig gehaltenen Prinzipien bemühen und dieses auch vertreten. Selbst wenn man das Argument der durch Unmoral bedrohten Selbstachtung damit zurückweist, dass die „Bösen“ ihre Selbstachtung aus der durch ihr Doppelspiel erreichten Überlegenheit beziehen, so kann dieses Doppelspiel doch auch zu einer kaum erträglichen Belastung werden. So musste das Ministerium für Staatssicherheit, insbesondere die Abteilung Auslandsaufklärung der DDR, immer wieder Agent:innen, die sich innerlich zerrissen fühlten, weil sie ihre Umgebung, oft ihre Familien belogen, in Lehrbriefen damit beruhigen, dass es sich da nicht um Lüge, sondern um eine Legende handle. Lüge sei nur der Verrat an der Arbeiterklasse.

Zusätzlich zu den inneren Konflikten entsteht leicht eine Atmosphäre der Angst, eine tatsächliche oder vermeintliche Bedrohung durch die, denen man Unrecht zugefügt hat. Man denke an das mythische Bild des von Furien Gehetzten und an die bekannte, vermeintlich neurotische Furcht tyrannischer Herrscher vor Attentaten. So neurotisch ist die Furcht der Tyrannen nicht. Wissen sie doch aus eigener Erfahrung, dass *einer* genügt, der so handelt wie sie selbst und dass sie evtl. zu spät wissen, *wer* es ist. Es lässt sich somit kaum *beweisen*, dass unmoralisches Verhalten für

39 Machiavelli, *Il Principe, Der Fürst*, Kap. 18.
40 Machiavelli, *Discorsi I*, 28.

ein geglücktes menschliches Leben eher hinderlich ist, doch gibt es eben Hinweise, dass zumindest seine Vorteile eher ungewiss sind.

2 Die Wahrheit moralischer Sätze

Das Kapitel untersucht aus der Perspektive unterschiedlicher philosophischer Theorien die Frage, ob es sich bei moralischen Stellungnahmen „nur“ um Emotionen oder willkürliche Entscheidungen oder vielleicht um rein kulturell bedingte Positionierungen handelt, allgemein, welchen Wahrheitsanspruch moralische Sätze erheben dürfen und wie sich dieser begründen lässt. Es geht ferner darum, was mit dem Wort „gut“ genau gemeint ist und was es eigentlich bedeutet gut zu sein. Sie erfahren außerdem, wie sich ethische Sätze rational begründen lassen und wie philosophische Reflexion moralische Diskussionen vernünftiger machen kann.

Kann man moralische Wahrheiten erkennen und moralische Sätze begründen?

Für eine Antwort auf diese Fragen wird man überlegen müssen, ob sich über moralische Themen vernünftig reden lässt, ob es sich da nicht vielleicht um eine „reine Gefühlssache" handelt oder ob man sich vielleicht „einfach entscheiden" muss. Die Ansichten darüber, was mit vernünftigem Reden gemeint ist, haben sich im Laufe der Zeit immer wieder verändert und scheinen sich auch zwischen Kulturen deutlich zu unterscheiden, so dass die Frage naheliegt, ob nicht gerade moralische Argumentationen höchstens relativ zu einer Kultur als vernünftig angesehen werden können.

Andererseits ist nicht selbstverständlich, was unter der Wahrheit moralischer Sätze zu verstehen ist, zumal sich in der Geschichte philosophischen Denkens sehr unterschiedliche Antwortversuche auf diese Frage finden.

Literaturtipps

Friedo Ricken, *Allgemeine Ethik*, Stuttgart u. a. [5]2012, Teil B.

David Hume, *A Treatise of Human Nature* (1739/40) book II, part III, sec. III, ed. Nidditch, Oxford 1978, 416; deutsch: *Ein Traktat über die menschliche Natur*, Hamburg 2013.

Alfred Ayer, *Language, Truth and Logic*, Oxford 1936, deutsch: Sprache, Wahrheit und Logik, Stuttgart 1970.

Christian v. Krockow, *Die Entscheidung. Eine Untersuchung über Ernst Jünger, Carl Schmitt, Martin Heidegger*, Tübingen 1958.

Carl Schmitt, *Politische Theologie*, München/Leipzig 1922, Berlin [3]1979.

Martin Heidegger, *Sein und Zeit*, Halle 1927.

Ernst Tugendhat, *Selbstbewusstsein und Selbstbestimmung*, Frankfurt/M. 1979, Vorlesungen 8–10.

Alasdair MacIntyre, *Whose Justice? Which Rationality?*, Notre Dame 1988.

Richard Rorty, *Der Vorrang der Demokratie vor der Philosophie*, in: *Solidarität oder Objektivität?*, Stuttgart 1988.

Klaus Peter Rippe, *Ethischer Relativismus: seine Grenzen – seine Geltung*, Paderborn u. a. 1993.

Djavid Salehi, *Ethischer Relativismus*, Frankfurt/M. u. a. 2002.

Seyla Benhabib, *The Claims of Culture*, Oxford 2002.

Max Kölbel, *Sittenvielfalt und moralischer Relativismus*, in: Gerhard Ernst (Hg.), *Moralischer Relativismus*, Paderborn 2009, 139–161.
Thomas Schmidt, *Die Herausforderung des ethischen Relativismus*, ebd., 117–137.

Kann man vernünftig über Moral diskutieren? Was gilt es zu beachten?

„Es widerspricht der Vernunft nicht, wenn ich die Zerstörung der ganzen Welt einem Kratzer an meinem Finger vorziehe."[41]

„Die Vernunft ist und soll nur der Sklave der Affekte sein, sie kann niemals eine andere Aufgabe beanspruchen, als ihnen zu dienen und zu gehorchen."[42]

Nicht selten wird im Alltag die Ansicht geäußert, moralische Urteile seien ja wohl Gefühlssache. Ähnliche Ansichten finden sich auch im philosophischen Diskurs. Wichtige Versionen des sog. ethischen Non-Kognitivismus, also der philosophischen Ansicht, es könne im Bereich der Ethik keine Erkenntnis und keine rationale, zumindest keine wissenschaftliche Begründung geben, berufen sich dabei explizit auf den schottischen Philosophen David Hume, von dem die beiden eben zitierten Thesen stammen. Insofern ist es sinnvoll, den – gleichfalls sehr einflussreichen – theoretischen Hintergrund der beiden „berüchtigten" Zitate aus Humes Erstlingswerk, dem *Treatise of Human Nature* von 1739/40 kurz zu erläutern. Ein zentraler Gedanke ist die Trennung von Vernunft und Moral: Natürlich ist Hume kein völlig gewissenloser Mensch, er will vielmehr verdeutlichen, dass nach seiner Auffassung die Vernunft keine moralischen Urteile fällt, diese sind Sache der Leidenschaften, von Billigung und Missbilligung. Wir sind emotional abgestoßen, wenn wir Unrecht beobachten, und angezogen, wenn wir moralisch gutes Verhalten wahrnehmen. Die Vernunft kann dabei nützlich sein, indem sie möglichst präzise Beobachtungen liefert und die Querverbindungen zwischen diesen Beobachtungen und unseren Urteilen herstellt.

41 David Hume, *A Treatise of Human Nature* (1739/40) book II, part III, sec. III, ed. Nidditch, Oxford 1978, 416; deutsch: *Ein Traktat über die menschliche Natur*, Hamburg 2013, 487.

42 David Hume, *Treatise*, a. a. O., 415; deutsch: *Traktat*, a. a. O., 486.

Die Tätigkeiten, die Hume der Vernunft zuordnet, sind zum einen die Feststellung von Tatsachen, von *matters of fact* und zum anderen die Bestimmungen von (logischen) Beziehungen zwischen Begriffen, von *relations of ideas*. Da sich beides nicht auf der Ebene von Wertungen, von Billigung und Missbilligung bewegt, ist es zunächst naheliegend, ja banal, dass allein daraus noch kein Urteil darüber gefällt werden kann, was moralisch richtig oder falsch ist. In die Ebene dieser Art von Urteilen treten wir nach Hume erst ein, wenn wir die Sphäre der Affekte, der billigenden oder missbilligenden Stellungnahmen mitberücksichtigen. Weder reine Analysen sprachlicher Relationen noch Kenntnisnahmen von Tatsachen bewirken nach seiner Ansicht eine wertende Einschätzung, solange sie nicht von affektiven Stellungnahmen begleitet werden.

> Dies ist in Humes philosophischem Ansatz der theoretische Hintergrund für ein allgemeines Prinzip: Es ist unzulässig, von der Beobachtung, dass etwas so und so ist, darauf zu schließen, dass es auch so und so sein soll (obgleich dieser Schluss in vielen Texten und Reden immer wieder zu beobachten ist).[43]

Dieser eher unscheinbare Satz, den man im Originaltext übrigens leicht überliest, ist einer der wichtigsten Beiträge Humes zur Ethik und wird auch das „Humesche Gesetz“ genannt. Es geht um den Sein-Sollen-Fehlschluss, den man begeht, wenn man von rein deskriptiven Prämissen auf eine normative Konklusion schließt. In der Tat lässt sich in vielen Argumentationen beobachten, dass aus der Beschreibung eines Sachverhalts die normative Folgerung gezogen wird, dies solle auch so sein, ohne dass für diese Bewertung zusätzliche Begründungen gegeben würden. Ein beliebtes Beispiel ist der Schluss aus der Tatsache, dass jemand sich in irgendeinem Kontext durchgesetzt hat, auf die normative Behauptung, es handle sich um das Recht des Stärkeren. Ein anderes Beispiel stellen die z. B. in der Verhaltensforschung zeitweise gängigen Beschreibungen des Verhaltens einiger Tierarten dar, die dann den Menschen als Vorbilder präsentiert wurden, beispielsweise die Monogamie der Graugänse. Es mag Gründe geben, die Monogamie unter Menschen moralisch zu befürworten. Doch gehört das Paarungsverhalten bestimmter Vogelartenwie der Graugans, nicht zu diesen Gründen, so wenig wie die Promiskuität von Schimpansenarten uns

43 David Hume, *Treatise*, III I I.

verpflichtet, es ihnen gleichzutun, obgleich sie uns im Tierreich wohl am ähnlichsten sind.

Die Ungültigkeit derartiger Schlüsse ist unabhängig davon, ob man Hume darin folgt, moralische Urteile von der affektiven Stellungnahme abhängig zu machen. Heute ist die später von George Edward Moore (*1873; †1958) gefundene Formulierung, es handle sich beim Schluss vom Sein aufs Sollen um einen sog. naturalistischen Fehlschluss, *a naturalistic fallacy*, häufiger zu finden.

Da es aus philosophischer Sicht natürlich fatal für einen Argumentationsgang ist, wenn man ihm nachweist, dass er auf einem Fehlschluss basiert, ist die Versuchung groß, auch die Rede von einem naturalistischen Fehlschluss großzügig einzusetzen. Nicht selten liegt allerdings zwar vordergründig ein Schluss vom Sein aufs Sollen vor, in Wirklichkeit wird jedoch nur eine Prämisse eines praktischen Schlusses für selbstverständlich gehalten und daher weggelassen. Wenn jemand dokumentiert, dass sich in einer bestimmten Landschaft ein hohes Maß an Biodiversität feststellen lässt und daraus schließt, dass diese Landschaft geschützt werden soll, begeht sie oder er keinen naturalistischen Fehlschluss, sondern verschweigt die zusätzliche Prämisse, dass Biodiversität in unserer heutigen Welt etwas Erhaltens*wertes* ist.

Was bewirken Vernunft und Affekte bei moralischen Urteilen?

Es gibt eine „traditionelle", etwa von Thomas von Aquin (*1225; †1274) vertretene Auffassung, wonach der freie Wille als vernünftiges Streben, *appetitus rationalis*[44] zu verstehen ist, als Streben, bei dem die Affekte durch die Urteile der Vernunft geleitet werden. Humes Vorgehen könnte man so charakterisieren, dass er dies ins Gegenteil verkehrt: Anstelle vernunftgeleiteter Affekte setzt er auf affektgesteuerte Vernunft.

Hume scheint sich indessen von der thomistischen Position gar nicht so völlig entfernt zu haben. Die Vernunft als „Sklavin der Affekte" kann nämlich sehr wohl darüber informieren, ob sich die Affekte auf ein geeignetes Objekt richten oder in einem Irrtum befangen sind. Sie kann uns ebenfalls lehren, dass die künstliche Tugend der Gerechtigkeit der bessere Affekt ist

44 Thomas von Aquin, *Summa Theologiae IIaIIae qu. 6*, art. 1.

als die bloße natürliche Sympathie für die nächsten natürlichen Angehörigen. In ihrer Rolle als unsere Aufklärerin über die Widerspruchsfreiheit unserer Affekte, über die Erfolgsaussichten unserer Wünsche und ihre Verträglichkeit mit den Wünschen Anderer vermag die Vernunft demnach eine ganze Menge zu erreichen. Neu ist die plakative Weise, in der die Vernunft vom Thron der Herrscherin über die Affekte und den Körper gestoßen wird, wo sie sich bis zu Hume etwa 2000 Jahre lang befunden hatte, wie sie in die Rolle einer Dienstmagd gedrängt wird. Als solche übt sie durchaus noch erheblichen Einfluss aus.

Allerdings, dies wird in der gängigen Entgegensetzung von Vernunft und Gefühl gerne übersehen, enthalten Emotionen, enthalten Affekte gerade auch Urteile darüber, dass etwas aus bestimmten *Gründen* liebenswert, zornerregend usw. ist. Diese Urteile können genauso richtig oder falsch sein wie solche, die emotionslos getroffen wurden, wenngleich extreme Emotionen zur Einseitigkeit der Urteile führen können. Allemal ist also in Affekten auch eine kognitive Komponente enthalten. Bis auf die Fälle extremer Erregung, in denen die Urteilsfähigkeit möglicherweise getrübt ist, dürfte die Entgegensetzung von Vernunft und Emotion bei der moralischen Urteilsbildung eher in die Irre führen. Wer von beiden nun letztlich „herrscht", scheint eher nebensächlich.

Nimmt man jedoch Humes Abwertung der Vernunft in Sachen der Moral sehr wörtlich, so kann man schließen, dass man sich eben für bestimmte Werte zu entscheiden habe – solch eine Haltung nennt man „Dezisionismus" – oder auch, dass moralische Urteile allein der Ausdruck von Gefühlen seien – was als „Emotivismus" bezeichnet wird – oder beides mehr oder weniger miteinander kombinieren.

Moral ohne rationale Begründung: Was ist Emotivismus?

Beispielhaft für den „moralischen Emotivismus" ist der englische Philosoph Alfred Ayer (*1910; †1989). Als Vertreter des logischen Empirismus nimmt er in seinen Schriften der dreißiger Jahre die auf Hume zurückgehende Einteilung rationaler und philosophisch begründbarer Sätze in *relations of ideas* und *matters of fact*, also die Feststellung naturwissenschaftlicher Tatsachen und logischer Beziehungen zwischen Sätzen sehr genau. Folgerichtig hält er fest, dass ethische Äußerungen nicht zu den rational begründbaren Sätzen gehören, weil sie eben als Ausdruck von Gefühlen gegenüber der Wahrheit von Sätzen neutral seien. Bei ihm findet sich ferner die Trennung von normativer Ethik und Metaethik in extremer Schärfe, da für ihn „ethische Begriffe Pseudo-Begriffe und deshalb nicht analysierbar sind".[45] Ansonsten könnte man ja auch durch ihre Untersuchung *relations of ideas* zum Vorschein bringen, wie es die sprachanalytische Ethik immer wieder versuchte. In einem neueren Werk hält Ayer seine frühere Auffassung nicht für falsch, wohl aber für „unduly scholastic"– in unpassender Weise akademisch.[46] Er gesteht auch zu, man könne den Umstand, dass der *common sense* und die Alltagssprache durchaus von der Wahrheitsfähigkeit moralischer Sätze überzeugt zu sein scheinen, nicht völlig übergehen. Doch imponiert ihm dieser Umstand nicht so weit, dass er deshalb seine Auffassung ändert.

Ayers Position steht und fällt mit seiner Konzeption wissenschaftlicher, rationaler Sprache: Nimmt man das Ideal einer formalisierten, in Kalkülform vorliegenden Sprache, bei der alle Sätze aus einer endlichen Menge von Axiomen anhand von Ableitungs- und Schlussregeln formal deduziert sind, mit einer formalisierten Semantik zur Grundlage, dann ist wirklich nicht klar, ob die Sätze:

- „Es ist moralisch falsch, Tiere zu essen." und
- „Solange man sich an die Schutzregeln bei der Tötung hält, ist Fleischkonsum moralisch unbedenklich."

einander derart widersprechen, dass der eine die Negation des anderen darstellt. Geht man indessen von einer pragmatischen Konzeption von Sprache aus, dann handelt es sich hier sehr wohl um entgegengesetzte Positionen. Im Hinblick auf die Deutung der in der Wissenschaft verwendeten Sprache neigt sich das Lot in den letzten Jahrzehnten eher der pragmatistischen Variante zu, weshalb das Urteil über Ayers Philosophie im Allgemeinen inklusive seines Emotivismus auch bei analytischen Philosoph:innen inzwischen zunehmend kritisch ausfällt. Da für Ayer und andere Vertreter des Emotivismus die Sätze der Ethik nicht wahrheitsfähig und somit primär die (logischen) Beziehungen zwischen ihnen einer wissenschaftlichen Beschäf-

---

45 Alfred Ayer, *Sprache, Wahrheit und Logik*, Stuttgart 1970, 148; Original: *Language, Truth and Logic*, 1936; vgl. Markus Rüther, *Objektivität und Moral. Ein problemgeschichtlich-systematischer Beitrag zur neueren Realismusdebatte in der Metaethik*, Münster 2013, Kap. 4.

46 Alfred Ayer, *Freedom and Morality*, Oxford 1984, 17.

tigung zugänglich sind, wird bei dieser Sicht auf die Ethik die Metaethik bedeutsam, die sich mit ebendiesen Beziehungen befasst.

Moral ohne rationale Begründung: Was ist Dezisionismus?

Als zweiter möglicher Schluss aus Humes Regel, man dürfe das Sollen nicht aus dem Sein, Normen nicht aus Tatsachen erschließen, wird der Dezisionismus (lat. *decisio*: Entscheidung, Beschluss) genannt. Dies ist die Ansicht, Werteinstellungen beruhten letztlich auf einer nicht rational begründbaren Entscheidung.

Anders gesagt;

> lautet die These des Dezisionismus, dass sich normative, insbesondere ethische Konfliktfälle nicht – oder jedenfalls nicht immer – durch rein rationale Deduktion aus Regeln und Prinzipien, die ihrerseits unabweisbar anerkannt sind, lösen lassen, es bedarf zusätzlich einer Entscheidung.

Der Dezisionismus wird im ethischen Kontext, insbesondere im angelsächsischen Bereich, oft mit dem Namen von Richard Mervyn Hare (*1919; †2002) verbunden. Wir erlernen, so Hare, im Verlauf unserer moralischen Erziehung Prinzipien, häufig in der Weise, wie man Kompetenzen erwirbt, oder auch durch sprachliche Information, wir lernen vielleicht auch, wie wir über sie reflektieren und diskutieren können. Die Frage allerdings, ob wir ihnen folgen wollen oder – in Zeiten des moralischen Umbruchs, wenn unterschiedliche Prinzipien an uns herangetragen werden – welche von ihnen wir zu akzeptieren bereit sind, können wir nur jeweils selbst, jede und jeder für sich, entscheiden.[47] Wenn man genauer zusieht, verteidigt Hare primär die menschliche Autonomie, verstanden als freie Willensentscheidung in einem starken Sinne. Dazu gehört die Entscheidung, ob man ein moralischer Mensch sein möchte oder nicht.

Mitunter wird die Ansicht, man könne über Moral nicht rational, zumindest nicht wissenschaftlich, diskutieren und müsse sich daher entscheiden, als Folge der von Max Weber (*1864; †1920) postulierten Wertfreiheit der

47 Hare, *Die Sprache der Moral*, Frankfurt/M. 1972, I. 4, v. a. 99–106.

Wissenschaften angesehen. Ein weiteres, von Hans Albert (*1921) vorgebrachtes Argument für die Notwendigkeit, sich zu entscheiden, besagt, dass die Annahme, es gebe eine moralische „Letztbegründung", in das Münchhausen-Trilemma führe: Entweder gelange man in einen unendlichen Regress der Begründungen oder man gerate in einen Begründungszirkel oder aber man falle in den Dogmatismus.[48] Mit Möglichkeiten und Grenzen der Begründung moralischer Sätze werden wir uns am Ende dieses Kapitels befassen.

Welche Probleme gibt es mit Formen des „Dezisionismus"?

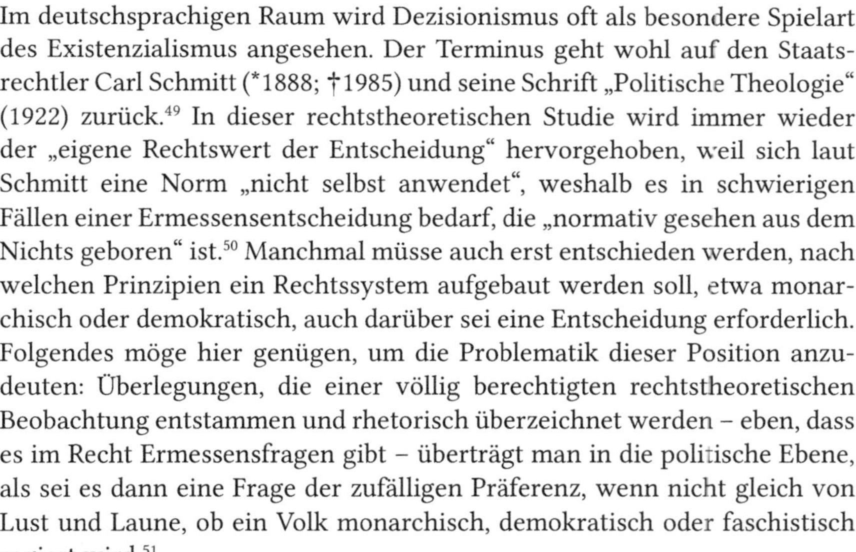

Im deutschsprachigen Raum wird Dezisionismus oft als besondere Spielart des Existenzialismus angesehen. Der Terminus geht wohl auf den Staatsrechtler Carl Schmitt (*1888; †1985) und seine Schrift „Politische Theologie" (1922) zurück.[49] In dieser rechtstheoretischen Studie wird immer wieder der „eigene Rechtswert der Entscheidung" hervorgehoben, weil sich laut Schmitt eine Norm „nicht selbst anwendet", weshalb es in schwierigen Fällen einer Ermessensentscheidung bedarf, die „normativ gesehen aus dem Nichts geboren" ist.[50] Manchmal müsse auch erst entschieden werden, nach welchen Prinzipien ein Rechtssystem aufgebaut werden soll, etwa monarchisch oder demokratisch, auch darüber sei eine Entscheidung erforderlich. Folgendes möge hier genügen, um die Problematik dieser Position anzudeuten: Überlegungen, die einer völlig berechtigten rechtstheoretischen Beobachtung entstammen und rhetorisch überzeichnet werden – eben, dass es im Recht Ermessensfragen gibt – überträgt man in die politische Ebene, als sei es dann eine Frage der zufälligen Präferenz, wenn nicht gleich von Lust und Laune, ob ein Volk monarchisch, demokratisch oder faschistisch regiert wird.[51]

Die Auffassung Schmitts wurde verschiedentlich mit Martin Heideggers (*1889; †1976) Daseinsanalyse in „Sein und Zeit" (1927) parallelisiert.[52]

---

48 Friedo Ricken, *Allgemeine Ethik*, 54f.
49 Carl Schmitt, *Politische Theologie. Vier Kapitel zur Souveränität*, Berlin ³1979.
50 ebd.
51 vgl. dazu ausführlich Matthias Kaufmann, *Recht ohne Regel? Die philosophischen Prinzipien in Carl Schmitts Staats- und Rechtsdenken*, Freiburg/München 1988.
52 v. a. Christian v. Krockow, *Die Entscheidung*, Tübingen 1958; Martin Heidegger, *Sein und Zeit*, Tübingen 1927.

Nach Heidegger kann sich „das Dasein", also der individuelle Mensch in seiner „Verfallenheit an das Man", weil es dem folgt, was „man" von ihm erwartet, nicht an letztbegründeten Normen orientieren. Es kann zur Eigentlichkeit, zu einer selbstgewählten Lebensführung nur durch die Haltung der Entschlossenheit gelangen. Zu dieser findet es, indem es sich durch den Vorlauf auf den je eigenen Tod der Angst stellt, die ansonsten sein Leben in unbemerkter Weise bestimmt.

Ebenso knapp wie die Position sei die Kritik skizziert: Die Konzeption einer „inhaltslosen" Entschlossenheit wurde bemängelt („Ich bin entschlossen, weiß aber nicht wozu.") und Ernst Tugendhat (*1930; †2023) bemerkte, selbst wenn es keine letzten Gründe für bestimmte Lebensentscheidungen gebe, weil tatsächlich immer wieder Dilemma-Situationen auftauchten, so könne man doch bis zu „vorletzten" Gründen gelangen und den Rest „auf sich nehmen".[53] Die Annahme einer völligen Unbegründetheit ethischer Entscheidungen sei unhaltbar.

In der Tat folgt aus der Einsicht, dass wir wohl nicht über die Möglichkeit verfügen, unsere moralischen Entscheidungen durch eine lückenlose Beweiskette aus universell akzeptierten Prinzipien zu deduzieren, keineswegs, dass die Bemühung um rationale Begründung vergeblich sei. Auch eine Ermessensentscheidung erfolgt in der Regel im Bemühen richtig zu entscheiden ist insofern nicht „normativ aus dem Nichts geboren", wie Schmitt fabuliert.

Ist Moral nicht stets relativ zu Tradition und Kultur?

Wir beobachten ständig, dass in verschiedenen Teilen der Welt, unseres Kontinents, unseres Landes, unserer näheren Umgebung unterschiedliche Ansichten darüber vertreten werden, was moralisch richtig und falsch ist. Das kann die Beziehung der Geschlechter zueinander betreffen, soziale Hierarchien, Fragen der gerechten Verteilung von Ressourcen und mancherlei andere Themen. In dem Bereich moralischer Urteile, den ich oben als Sitte charakterisiert habe, lassen sich rein empirisch zahlreiche sehr unterschiedliche moralische Bewertungsmaßstäbe feststellen. Diese Verschiedenheit der Maßstäbe gilt nicht nur für „fremde Kulturen", sondern oft genug

53 Ernst Tugendhat; *Selbstbewußtsein und Selbstbestimmung*, Frankfurt/M. 1977, Vorl. 9.

auch für die intuitiv geäußerten moralischen Urteile zwischen Mitgliedern derselben Kultur. Zwar enthalten so gut wie alle Moralsysteme, um ihre sozialregulative Funktion erfüllen zu können, gewisse Grundelemente wie ein generelles, wenn auch meist nicht vollständiges Tötungsverbot und ein Gebot der Aufrichtigkeit gegenüber den als moralisch relevant Angesehenen. Der neapolitanische Philosoph Giambattista Vico (*1668; †1744) wies außerdem darauf hin, dass alle Zivilisationen Regelungen für die Beerdigung der Toten, Regelungen der Eigentumsverhältnisse und Regelungen der Beziehungen zwischen den Geschlechtern erschaffen.[54]

Die Art, wie diese Dinge geregelt sind, kann jedoch über Zeiten und Kulturen hinweg sehr große Unterschiede aufweisen. Die Versuche, die Grundbestandteile des moralischen Bewusstseins durch allgemeingültige Moralitätskriterien auf den Punkt zu bringen, sind bisher nicht in der Weise geglückt, dass fortan moralische Fragen nur noch den Status mehr oder minder schwieriger Rechenaufgaben hätten.

Zum Relativismus gehört daher die Behauptung, moralische Werte, moralische Überzeugungen seien stets nur relativ zu einer bestimmten Kultur, innerhalb eines bestimmten Kontextes, einer bestimmten Rationalitätsauffassung zu verteidigen.[55]

Umstritten ist, ob lediglich die Form, wie universalistische Kriterien bislang von diversen Autorinnen und Autoren formuliert wurden, dazu führt, dass sie sich dann doch nicht universell anwenden lassen, oder ob es keine universell gültigen Normen und Werte geben *kann*.

Ein gemäßigter Relativismus wird daher bei den bisher vorhandenen Versuchen, universalistische Normen, Werte und/oder Kriterien zu formulieren, auf – „handwerkliche" oder „ideologische" Mängel hinweisen. Z. B. kann eine Autorin oder ein Autor oder eine philosophische Schule das, was „die Vernunft" angeblich allen Menschen vorschreibt, schlicht den eigenen Intuitionen entnommen haben. Mitunter wird das Konzept rationaler moralischer Argumentation als „westlich", „eurozentrisch" oder „imperialistisch"

54 Giambattista Vico, *Scienza Nuova* (1744), *Neue Wissenschaft*, § 333.

55 Alasdair MacIntyre, *Whose Justice? Which Rationality?*, Notre Dame 1988; Richard Rorty, *Der Vorrang der Demokratie vor der Philosophie*, in: Solidarität oder Objektivität? Stuttgart 1988; Klaus Peter Rippe, *Ethischer Relativismus: seine Grenzen – seine Geltung*, Paderborn u. a. 1993, Djavid Salehi, *Ethischer Relativismus*, Frankfurt/M. u. a. 2002; Gerhard Ernst (Hg.), *Moralischer Relativismus*, Paderborn 2009.

kritisiert. Ein radikaler Relativismus vertritt hingegen die These, es könne keine universell gültigen Normen, Werte und Rationalitätsauffassungen geben, schon allein, weil es zwischen unterschiedlichen Kulturen keine Möglichkeit gebe, einander wirklich zu verstehen.

Können wir einander verstehen?

Ein radikaler kultureller Relativismus, der allgemeingültige Sätze und Regeln ablehnt und eine grundsätzliche Unverstehbarkeit anderer Kulturen – oder auch der eigenen durch andere Kulturen – behauptet, sieht sich als theoretische Position einigen Problemen gegenüber:

Erstens muss er die relativistische Auffassung gegenüber der meist nicht-relativistischen Common-Sense-Auffassung absolut setzen, entgegen dem eigenen Programm.

Zweitens unterstellt er, sofern er eine moralische Unverstehbarkeit zwischen verschiedenen Kulturen annimmt, eine kulturspezifische Homogenität der moralischen Urteile, was jenseits vereinsamter Stämme auf Inseln im Indischen Ozean (über die wir eben wenig wissen) kaum jemals zutrifft. Man denke an die zahlreichen Erzählungen über Prophet:innen, Reformbewegungen etc. aus allen Teilen der Welt, die sich gegen den Verfall der Moral wenden und damit auf Differenzen innerhalb der jeweiligen Kultur verweisen.

Drittens kann man offenkundig Urteile auch dann *verstehen*, wenn man nicht zustimmen kann. Es kann sein, dass man zugrundeliegende empirische, religiöse und moralische Annahmen für bestimmte Urteile nicht teilt, seien es Annahmen über die Wirksamkeit verschiedener Zaubermaßnahmen, über den moralischen Status verschiedener Lebewesen oder anderer Gegenstände als Inkarnationen von Göttern, verstorbenen Menschen usw. Trotzdem kann man sie verstehen und erklären, warum man nicht zustimmt.

Der Relativismus vermengt verschiedene Bedeutungen von „Verstehen", die allerdings bei moralischen Urteilen auch miteinander verwoben sind:

- Verstehen aus persönlicher Erfahrung, das wesentlich individuell ist
- Regelverstehen – Regeln sind wesentlich öffentlicher Natur
- Sich auf etwas verstehen – über eine Kompetenz verfügen

Moralische Urteilsfähigkeit wird nicht zuletzt durch persönliche Erfahrung erworben und in Form einer Kompetenz ausgeübt. Der Nachweis einer Kompetenz erfolgt wesentlich öffentlich und lässt sich anhand von Regeln überprüfen. Zugegebenermaßen ist es allerdings etwas komplizierter, weshalb wir uns die in unserem Kontext wichtigsten Varianten von „verstehen“ nochmals genauer ansehen:[56]

i) Verstehen aus persönlicher Erfahrung: Man versteht jemandes Verhalten, weil man die Situation kennt, in der sie sich befindet, weil man ihr nachfühlen kann, weil man weiß, wie es ist, in Not zu sein, verlassen zu werden, sich in Ekstase zu befinden. Man versteht einander, weil es mehr oder weniger große Überschneidungen im Erlebnishorizont gibt. Daraus entspringt auch ein gemeinsames „Wissen aus Kenntnis“, ein *knowledge by acquaintance*, welches sich spezifischen Erlebnissen verdankt, etwa zu wissen, wie eine Klarinette klingt, im Unterschied zum Wissen, wie hoch der Mont Blanc ist.[57] Davon zu unterscheiden ist das

ii) Verstehen von Regeln: Dies kann wiederum bedeuten, dass man eine Handlung sprachlicher oder anderer Art als Befolgung einer Regel identifiziert, es kann aber auch heißen, dass man in bestimmten Abläufen eine Regel erkennt. Regeln sind grundsätzlich sozialer Natur, es kann nicht einer allein nur einmal einer Regel folgen, wie Ludwig Wittgenstein (*1889; †1951) betonte. Die Nichtbefolgung einer Regel zieht, wenn auch nicht immer, eine soziale Sanktion, z. B. einen Tadel nach sich. Auch wenn es zur Beherrschung einer Regel nicht notwendigerweise gehört, sie explizit nennen zu können, so ist doch das Wissen um die richtige und falsche Regelbefolgung grundsätzlich öffentlicher Natur, daher auch öffentlich nachprüfbar. Dies bedeutet nicht, dass dieses Verstehen stets leicht wäre und in kurzer Zeit geschehen sein muss. Auch das, was Menschen für rational halten, kann schlichter Gewöhnung entspringen und wechselseitig schwer vermittelbar sein. Doch sind Verstehen und Verständigung nicht ausgeschlossen und wir haben die Pflicht, uns darum zu bemühen, um blutige Konflikte zu vermeiden.

---

56 Franz v. Kutschera, *Grundfragen der Erkenntnistheorie*, Berlin 1981, 79 ff. u. 128 ff.; Günter Patzig, Erklären und Verstehen, in: ders., *Tatsachen, Normen, Sätze*, Stuttgart 1980, 45–75.

57 Ludwig Wittgenstein, *Philosophische Untersuchungen*, § 78.

Richtigkeit, auch kulturimmanente Richtigkeit ist und bleibt an öffentliche Kriterien geknüpft und kann nicht auf individuelle oder gemeinschaftliche Erlebnisse reduziert werden.

Gewiss üben z. B. Erfahrungen kollektiver Begeisterung oder Furcht auf viele Menschen dauerhaft prägenden Einfluss aus, der sich nicht so leicht über zeitliche, räumliche, kulturelle Distanz vermitteln lässt. Wie gefährlich es wird, die *Richtigkeit* politischer und rechtlicher Entscheidungen von solchen Formen der Masseneuphorie abhängig machen zu wollen, hat die Geschichte, gerade die deutsche Geschichte, mehr als deutlich bewiesen. Es sei nochmals auf die dritte hier relevante Bedeutung von „Verstehen" verwiesen, die gewissermaßen zwischen den beiden anderen die Brücke baut. Dies ist

iii) das Sich-auf-etwas-Verstehen, das know how, die Kompetenz in einer bestimmten Sache: Diese Kompetenz wird gewöhnlich durch persönliche Erfahrung erworben, jedoch normalerweise öffentlich nachgewiesen. Dieses know how ist meist in gewissem Maße erlernbar; die *gute* Mathematikerin, Ärztin oder Schreinerin zeichnet sich eben dadurch aus, dass sie eine bestimmte Begabung besitzt, die Regeln ihres Metiers beherrscht und eben durch persönliche Erfahrung eine besondere Fähigkeit in der Anwendung dieser Regeln erworben hat.

Wie hängen Relativismus und Politik zusammen?

Da manche Menschen theoretische Positionen deshalb vertreten, weil ihnen die Vertreter:innen sympathisch sind, sei kurz darauf aufmerksam gemacht, dass die starke Form des Relativismus aus politisch sehr unterschiedlichen, ja entgegengesetzten Positionen verfochten wird. Als ein Paradigma sei die dekoloniale Bewegung genannt, die dem „eurozentrischen" oder genereller „westlichen" Anspruch auf Überlegenheit und intellektuelle Dominanz – auch nach dem Ende der Kolonialzeit – eine Vielheit möglicher Sichtweisen der Welt gegenüberstellt. Seit einiger Zeit werden, etwa in der südamerikanischen *buen vivir*-Bewegung mit der „westlichen" Denkweise auch Imperialismus, Kapitalismus und der Raubbau an natürlichen Ressourcen verknüpft.[58] Ob dies zur Begründung eines starken Relativismus ausreicht oder ob es nicht gerade ein Grund für die Bemühung um eine gemeinsame Sprache und Rationalität sein könnte, sei zu bedenken gegeben.

Das andere Paradigma findet sich dort, wo despotische oder totalitäre Regime vor humanitärer und rechtsstaatsorientierter Kritik geschützt werden sollen. Dies findet sich immer wieder in verschiedenen Weltgegenden, ein besonders drastisches Beispiel lieferte der eben schon erwähnte deutsche Staatsrechtslehrer Carl Schmitt im Jahr 1933:

„Es ist eine erkenntnistheoretische Wahrheit, daß nur derjenige imstande ist, Tatsachen richtig zu sehen, Aussagen richtig zu hören, Worte richtig zu verstehen und Eindrücke von Menschen und Dingen richtig zu bewerten, der in einer seinsmäßigen, artbestimmten Weise an der rechtschöpfenden Gemeinschaft teilhat und existenziell zu ihr gehört. ... Bis in die tiefsten, unbewußtesten Regungen des Gemütes aber auch bis in die kleinste Gehirnfaser hinein, steht der Mensch der Wirklichkeit dieser Volks- und Rassenzugehörigkeit ... Ein Artfremder ... denkt und versteht anders, weil er anders geartet ist, und bleibt in jedem entscheidenden Gedankengang in den existenziellen Bedingungen seiner eigenen Art. Das ist die objektive Wirklichkeit der ‘Objektivität’”.[59]

In diesem Fall mag die Absurdität der Behauptung auf der Hand liegen, weil ja dann jeweils alle Mitglieder einer Rasse gleiche, von allen anderen Rassen verschiedene „Gehirnfasern“, Denkweisen und Gemütsregungen aufweisen müssten, was ersichtlich nicht der Fall ist. Doch auch, wenn man nicht Rasse, sondern „Kulturzugehörigkeit“ zur Grundlage nimmt, lässt sich beobachten, dass die Ansichten und Haltungen von Menschen, die einer Kultur angehören oft weiter auseinanderliegen als die von Menschen vermeintlich verschiedener Kulturen. Nach dem eben zum Verstehensbegriff Dargelegten entspringt Carl Schmitts Behauptung, zum *richtigen* Sehen,

58 Jean-Christophe Goddard, *Decolonisation and reverse anthropology. Capitalist extractivism in the mirror of Amerindian anthropology*, in: Christoph Haar/Matthias Kaufmann/Christian Müller (Eds.) Civilization – Nature – Subjugation. Variations of (De-)Colonization, Berlin 2021, 313–322; Stefan Knauß, W*hy the life of the other matters – The decolonial ethics of exteriority in Dussel, Quijano and Mignolo*, ebd., 341–354; Stefan Knauß, Von der *Conquista zur Responsibility while Protecting*, Frankfurt/M. u. a. 2016, Kap. 3.

59 Carl Schmitt, *Staat – Bewegung – Volk. Die Dreigliederung der politischen Einheit*, Hamburg 1933, 45. Diese Sätze fanden Eingang in den Kommentar zur Rassengesetzgebung von Globke/Stuckart.

Hören, Verstehen und Bewerten gehöre die existenzielle Teilhabe, einer terminologischen Verwechslung.

Wie sich im politischen Alltag unschwer beobachten lässt, werden beide Ansätze inzwischen nicht selten verknüpft, wenn Kritik an despotischen Maßnahmen diktatorischer Regime als „kolonialistisch" abgewiesen wird.

Richard Rorty (*1931; †2007) schlägt aus einer dritten Perspektive vor, sich in einer demokratischen Gesellschaft nicht mehr öffentlich um das Verstehen der Auffassungen über die „philosophischen" Fragen nach dem Sinn des Lebens und dergleichen zu bemühen. Diese sollte man in den Bereich des für die konkrete politische Auseinandersetzung weniger wichtigen Privaten verschieben. Der Demokratie komme ein der philosophischen Rechtfertigung nicht bedürftiger Eigenwert zu. Ferner plädiert er dafür, die Kontingenz und Kulturgebundenheit unserer moralischen Überzeugungen zu akzeptieren und nicht mehr nach einer absoluten Fundierung derselben zu suchen.[60]

Gemäß der Konzeption offener Rationalität bedarf es allerdings keiner absoluten Fundierung um Fragen nach der Berechtigung von Wünschen und Forderungen zu untersuchen, von denen viele ja in einer demokratischen Gesellschaft politisch zur Diskussion gestellt werden. Zweitens entspricht eine rechtfertigungsfreie Annahme der Demokratie vielleicht dem amerikanischen Lebensgefühl der achtziger Jahre des zwanzigsten Jahrhunderts, ist aber kaum noch haltbar. Drittens können wir es uns politisch nicht leisten, bestimmte Positionen, die z. B. Fragen nach der Diskriminierung bestimmter Gruppen enthalten, für schlicht nicht diskussionswürdig zu erachten, weshalb wir in der einen oder anderen Form die philosophische Auseinandersetzung suchen müssen, auch ohne damit absolute Erkenntnis zu beanspruchen.

Was ist ethischer Kognitivismus? Was kann mit der Wahrheit moralischer Sätze gemeint sein?

Kognitivistischen Theorien zufolge erheben moralische Sätze einen Wahrheitsanspruch. In den verschiedenen Epochen der Philosophiegeschichte wurden unterschiedliche Ansichten darüber formuliert, worin die Wahrheit

60 Richard Rorty, *Solidarität oder Objektivität?*

eines Satzes bestehen kann. Wenn wir dies erst einmal auf deskriptive Sätze beschränken, sind für den hier zu diskutierenden Kontext die Korrespondenztheorie, die Kohärenztheorie und die Konsenstheorie relevant. Nach der Korrespondenztheorie ist ein Satz wahr, wenn er mit der Wirklichkeit übereinstimmt, in traditionellen Formulierungen heißt es auch, die Wahrheit bestehe in der Angleichung des Verstandes an das zu erkennende Ding. Für die Kohärenztheorie besteht Wahrheit in der Begründbarkeit durch die bereits als wahr anerkannten Sätze, das Paradebeispiel ist der mathematische Beweis eines Satzes. Die Konsenstheorie macht die Wahrheit am begründeten Urteil der sachkundigen Personen fest. Jede dieser Theorien – das Wort „Theorie" ist allemal bereits etwas hochgegriffen – hat ihre Stärken und Schwächen, vielleicht antworten sie auch auf unterschiedliche Fragen. Dies kann hier nicht weiter thematisiert werden, es geht vielmehr darum, inwieweit sich diese Theorien auf normative Sätze, auf moralische Urteile etc. anwenden lassen. Dabei seien zunächst Auffassungen diskutiert, für die die Wahrheit moralischer Sätze in der Übereinstimmung mit einer außersprachlichen Wirklichkeit besteht.

Was ist moralischer Realismus?

Der Grundgedanke der verschiedenen Versionen des moralischen Realismus besteht darin, dass sich die Wahrheit moralischer Behauptungen im Erkennen einer außersprachlichen Wirklichkeit beweist. Moralische Erkenntnis wird der intellektuellen Einsicht oder der Sinneswahrnehmung bzw. der empirischen Beobachtung angeglichen. Verschieden ist die Ansicht über die Weise, wie dies geschieht.

Das klassische und nach wie vor berühmteste Beispiel ist Platons Höhlengleichnis:[61] Im siebten Buch seiner *Politeia* schildert der griechische Philosoph, wie aus einer Gruppe von Menschen, die in einer Höhle angekettet sind und nur die von einem Feuer erzeugten Schatten von Gegenständen zu sehen vermögen, einer losgebunden und gezwungen wird, hinauszutreten ins Sonnenlicht. Nachdem er sich an die anfänglich schmerzhafte Helligkeit gewöhnt hat, vermag er sogar die Sonne und ihre entscheidende Rolle wahrzunehmen, kann dies jedoch seinen Artgenossen nach der Rückkehr in die Höhle nicht vermitteln, die ihn folglich heftig ablehnen und zu

61 Platon, *Politeia VII*, 514a–518b.

töten versuchen. Die Wahrnehmung der Sonne ist hier Metapher für die intellektuelle Erkenntnis der Idee des Guten. Durch diese Erkenntnis weiß die menschliche Seele, was das moralisch Gute ist, weil es von der Idee des Guten sein Sein erhält und erkennbar wird wie die Gegenstände durch das Licht der Sonne, wie vorbereitend im sechsten Buch erläutert wurde. An dieser Konstruktion wurde schon von Aristoteles kritisiert, dass sie aus der Qualität „gut" einen Gegenstand mache und damit die Dinge der Welt unnötig verdopple.

Allerdings schafft der moralische Realismus nicht in allen Fällen zusätzliche *Dinge* wie Ideen oder Werte etc. in die Welt. In einer anderen Version nimmt er an, dass es moralisch relevante *Tatsachen* in der Welt gibt, die wir wahrnehmen wie die anderen Tatsachen. Der schottische Philosoph Francis Hutcheson (*1694; †1746) spricht von einem moralischen Sinn, gemäß seiner Definition des Sinnes als „Bestimmung unseres Geistes, Vorstellungen unabhängig von unserem Willen zu empfangen." Moralische Erfahrungen geben die Wirklichkeit ebenso wieder wie unsere sonstige Sinneserfahrung.[62] Für ihn besitzen die moralischen Werte sogar den Status von primären Qualitäten im Sinne John Lockes (*1632; †1704), sind also ähnlich wie Längen und andere mathematisierbare Größen wirkliche Eigenschaften der jeweiligen Situation, nicht von unseren Wahrnehmungsorganen abhängig.

John McDowell (*1942) nimmt hingegen eher eine Analogie zwischen moralischen Werten und Lockes sekundären Sinnesqualitäten an: Es gibt Farben nur für Wesen mit Gesichtssinn, doch gibt es etwas in der Welt, das diese Farbwahrnehmung auslöst. Ähnlich sind nur für Wesen, die sich fürchten können, bestimmte Geschehnisse furchterregend, obgleich sie sich unabhängig von dieser Furcht ereignen. Analog verhält es sich mit den moralischen Eigenschaften von Menschen und ihren Handlungen, die von Menschen aufgrund ihres moralischen Sinns wahrgenommen werden können.[63]

Gewiss beziehen sich unsere moralischen Urteile auf Dinge und Ereignisse in der Welt und wir fällen sie oftmals intuitiv. Dies liegt jedoch an der Weise, wie wir sie erlernen, bevor wir in der Lage sind, sie nach allgemeinen Kriterien zu überprüfen. Das Postulat eines Moral*sinnes* als Voraussetzung für die moralische Urteilsfähigkeit erscheint daher überflüssig.

---

62 Leidhold, *Ethik und Politik bei Francis Hutcheson*, Freiburg 1985.

63 John McDowell, *Mind, Value and Reality*, Cambridge 2001, § 7 Values and Secondary Qualities.

Ein weiteres Problem dieser Variante des moralischen Realismus besteht darin, dass zu der schwierigen Frage jeder Korrespondenztheorie der Wahrheit, was genau womit auf welche Weise korrespondieren soll, noch hinzukommt, dass kaum präzise erfassbare Gegenstände angenommen werden müssen.

Anderen Autoren wie z. B. Peter Schaber geht es unter dem Titel eines moralischen Realismus[64] primär um die Wahrheitsfähigkeit moralischer Sätze. Da er dafür indessen keine Korrespondenz-, sondern eine Kohärenztheorie der Wahrheit annimmt, entfernt er sich erheblich von der traditionelleren realistischen Position. Der Kern seines ethischen Ansatzes liegt in der moralischen Forderung nach unparteilicher und wohlwollender Berücksichtigung aller Betroffenen und ist von dem unten ausgeführten Ansatz nicht allzu weit entfernt.

Was heißt es, dass etwas gut ist?

Es wurde eben erläutert, warum Platons Konzeption der Idee des Guten, die in gewissem Rahmen erkennbar ist, verschiedenen Formen der Kritik ausgesetzt war. Doch bleibt unbestritten, dass in unserem Vokabular das Wort „gut" eine einzigartige empfehlende Rolle einnimmt, nicht nur, aber durchaus auch im moralischen Kontext. Daher gilt es, sich mit verschiedenen Versuchen zu befassen, die Bedeutung dieses besonderen Wortes zu klären. Zu Beginn sei eine kleine eher abstrakte Etüde eingefügt, die an das Thema des moralischen Realismus anschließt und an dem Hauptwerk eines der führenden Philosophen der analytischen Philosophie ausgerichtet ist.

Steht „gut" für einen Gegenstand?

George Edward Moore (*1873; †1958), eine der Gründungspersönlichkeiten der Analytischen Philosophie, verwendet den Begriff „naturalistischer Fehlschluss" nicht unmittelbar, um Verstöße gegen das Humesche Gesetz zu kennzeichnen, sondern, um auf einen seiner Ansicht nach irrtümlichen Umgang mit der Doppeldeutigkeit der Frage „Was ist gut?" hinzuweisen.[65]

64 Peter Schaber, *Moralischer Realismus*, Freiburg 1997.
65 G. E. Moore, *Principia Ethica*, Cambridge 1903, deutsch: Stuttgart 1970.

Dieser besteht nach Moore darin, dass „viel zu viele Philosophen" glauben, sie hätten, indem sie eine Eigenschaft oder etwas anderes angeben, was gut ist – etwa, „Lust ist gut", „Was erstrebt wird ist gut" – auch bereits bestimmt (§ 10), festgehalten, was gut *ist*, was die Denotation der moralischen Verwendung von „gut" ist. Da man nun die Besonderheit dieses moralischen Gebrauchs von „gut" übersieht, wenn man die Denotation von „gut" mit einer *natürlichen* Eigenschaft gleichsetzt, begeht man doch einen Verstoß gegen das Humesche Gesetz, weshalb Moores Rede vom naturalistischen Fehlschluss mit der üblichen Bezugnahme auf die Verstöße gegen das Humesche Gesetz durchaus kompatibel ist.

Er will wohlgemerkt nicht bestreiten, dass Aussagen wie „Was erstrebt wird ist gut" und „Lust ist gut" wahr sein können. Nur handle es sich dabei um synthetische Aussagen, die sich nicht zur Definition von „gut" eignen. Schließlich bleibe bei allen derartigen Bestimmungen das *Argument der offenen Frage* anwendbar: Es bereitet Lust, aber ist es auch gut? Es wird erstrebt, aber ist es auch gut? Es ist gesund, aber ist es auch gut? (§ 13) Daraus, dass diese Fragen sinnvoll gestellt werden können, werde deutlich, dass die betreffenden Eigenschaften nicht mit dem Denotat von „gut" identisch sein können.

Moore wendet sich jedoch generell gegen die Annahme, „gut" könne definiert werden. Eine Definition im Sinne einer bloßen Festsetzung erschiene ihm willkürlich, eine solche, die auf den Sprachgebrauch referiert, ließe offen, ob dieser korrekt ist, sodass noch immer nicht klar wäre, was gut *ist*. Eine sachlich gehaltvolle Definition ist deshalb nicht möglich,

Laut Moore handelt es sich bei „gut" um einen einfachen Grundbegriff, der für einen einfachen Gegenstand steht und den wir intuitiv durch geistige Wahrnehmung erfassen, so wie wir das Denotat von „gelb" durch sinnliche Wahrnehmung erfassen, während sich „Pferd" etwa durch „Vierbeiniges, behuftes Säugetier" oder ähnliches definieren ließe. Ähnlich wie bei Hutcheson und McDowell wird also die Erkenntnis moralischer Wahrheiten mit der sinnlichen Wahrnehmung parallel gesetzt, nur diesmal mit einer besonderen Art von Gegenstand.

Doch sind Moores Thesen, die knapp formuliert besagen, dass

1. „gut" ein Name ist, der für etwas steht, dass
2. diese Referenz von „gut" nicht durch den allgemeinen Sprachgebrauch festgelegt wird, und dass

3. „gut" für einen unzusammengesetzten, nicht analysierbaren Gegenstand steht,

ihrerseits nicht unangreifbar.

Erstens lässt sich die sprachtheoretische Prämisse bezweifeln, dass Wörter immer für Gegenstände stehen müssen. Gegen diese Prämisse argumentiert Ludwig Wittgenstein in seinen *Philosophischen Untersuchungen* mit der These, die Bedeutung eines Wortes sei häufig durch seinen Gebrauch in der Umgangssprache gegeben. Zweitens soll sich ausgerechnet das Wort „gut" auf einen ziemlich absonderlichen Gegenstand beziehen: Es soll ein nicht zusammengesetzter Gegenstand sein, von dem wir unmittelbare Kenntnis besitzen, ähnlich wie bei Farben oder bestimmten Klängen, aber ohne dass wir ihn mit unseren Sinnen erfassen könnten.

Was bedeutet „gut" im außermoralischen Sinn?

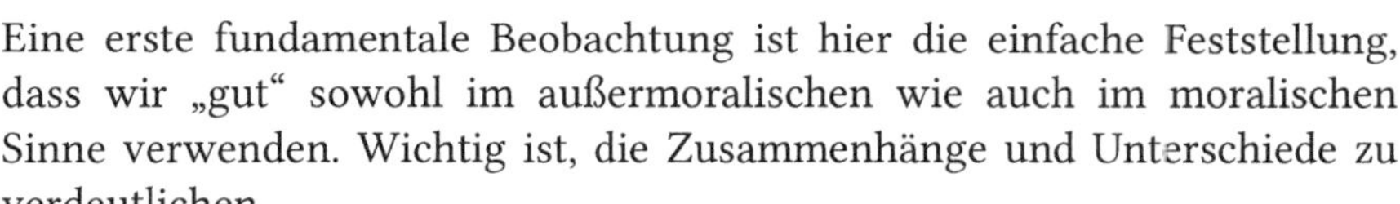

Eine erste fundamentale Beobachtung ist hier die einfache Feststellung, dass wir „gut" sowohl im außermoralischen wie auch im moralischen Sinne verwenden. Wichtig ist, die Zusammenhänge und Unterschiede zu verdeutlichen.

Zur außermoralischen Verwendung von „gut" gehören nach den gelungenen Analysen Hares und John Leslie Mackies (*1917; †1981)[66] zwei Elemente, von denen manchmal eines weitgehend in den Hintergrund tritt, jedoch nie ganz außen vor bleibt.

> Dies ist einmal eine – im weiten Sinne – funktionale Qualifikation, die meist in der attributiven Verwendungsweise auftritt, und zum anderen eine meist prädikativ ausgedrückte empfehlende Bezugnahme auf ein nur vage bestimmtes Bündel von Erfordernissen und Präferenzen.

Die attributive Verwendungsweise zeigt sich paradigmatisch an der Rede von einem guten Messer, einem guten Fußballspieler, einer guten Bergsteigerin. Wie bei anderen attributiven Adjektiven, wie etwa „groß" (großer Floh, großer Politiker) wird die genauere Bedeutung von „gut" durch die Erwartungen bestimmt, die man an das richtet, was gut genannt werden

66 J. L. Mackie, *Ethik. Die Erfindung des Richtigen und Falschen*, Kap. 2; R. M. Hare, *Die Sprache der Moral*, Frankfurt/M. 1997, Kap. II.

soll. Beim Messer ist dies klar seine Funktion, die bei unterschiedlichen Messertypen und verschiedenen Benutzer:innen wiederum in gewissem Maße variieren kann, aber doch in etwa festliegt. Die anderen Beispiele zeigen, dass man die von Hare benutzte Rede von der Funktionalität als Kriterium der Güte sehr weit auslegen muss.

Das zweite Bedeutungselement, die empfehlende Bezugnahme auf ein nicht genau bestimmtes Bündel von Erfordernissen, zeigt sich am deutlichsten dort, wo „gut" als Prädikat verwendet wird. „der Film gestern Abend war gut" „Die Musik ist gut" „Das Essen ist zwar gesund/reichlich, aber nicht gut". Man verweist im Extremfall auf rein individuelle Präferenzen. Eher aber nehmen Personen in Anspruch, dass der von ihnen als gut qualifizierte Gegenstand einer Menge von Erfordernissen, von Standards genügt, die man meist nicht näher bestimmt, über die es Streit geben kann, die aber auch nicht völlig beliebig sind. Sonst wäre der Satz „Das war ein guter Film" gleichbedeutend mit „Der Film hat mir gefallen", während in der Regel mit dem Gebrauch von „gut" ein Objektivitäts- oder jedenfalls Intersubjektivitätsanspruch verknüpft ist. Häufig wird man spätestens bei der Begründung dieses Urteils zumindest einige funktionale Merkmale zu nennen versuchen.

Umgekehrt ist die scheinbar rein funktionale Bestimmung eines guten Messers auch nicht völlig unabhängig von den Präferenzen der Benutzer:innen, die sich etwa auch verschieben könne, wenn etwa Sicherheitsanforderungen gegenüber den Schneideigenschaften an Gewicht gewinnen. Ähnlich wird ein guter Fußballspieler manchmal eher nach seinen technischen Fähigkeiten, manchmal auch seiner Effizienz für die Mannschaft bewertet, eine gute Bergsteigerin manchmal nach ihren Kletterkünsten, manchmal nach dem Verantwortungsbewusstsein und der Umsicht bei der Vorbereitung der Bergtour etc.

Mackie benutzt hier zu Recht die Rede von Erfordernissen (requirements), um den Zwischenstatus deutlich zu machen, in welchem man sich in diesem Kontext befindet, zwischen streng normativen *Standards* und eher bewertungsfreien *Kriterien*: Jemand mag die Kriterien dafür, dass man ihn als Langweiler bezeichnen kann, vollinhaltlich erfüllen, doch wäre es unpassend, ihn einen guten Langweiler zu nennen. Wer etwas als gut bezeichnet, bezieht sich stets auch auf Standards.

Wann ist etwas moralisch gut?

Sowohl Hare als auch Mackie[67] schlagen vor, die eben erzielten Resultate mit gewissen Modifikationen in den moralischen Bereich zu übertragen.

So werden Erfordernisse nicht von außen, durch bestimmte Ziele an das herangetragen, was wir moralisch gut nennen, es ist nicht für etwas anderes gut, sondern das moralisch Gute definiert seinerseits die Erfordernisse, ist an sich gut.

Gleichwohl lassen sich Erfordernisse benennen, die z. B. ein Mensch erfüllen sollte, damit wir ihn moralisch gut nennen. Das Menschsein und damit die moralische Bewertung als Mensch können wir auch nicht ohne Weiteres aufgeben – selbst eine Entscheidung für den Suizid würde ja moralischer Bewertung unterliegen – während wir uns entscheiden können, die Karriere als Ärztin oder als Bergsteigerin zu beenden.

Ferner geht die empfehlende Komponente bei der moralischen Verwendung von „gut“ nicht auf zufällige Präferenzen zurück, es handelt sich nicht um Geschmacksfragen, die man so oder auch anders sehen kann.

Wenn man etwas als moralisch gut bezeichnet, so hält man es für empfehlenswert aus unterschiedlichen Richtungen, in möglichst universalisierbarer Weise. Man kann dafür keine Objektivität und keinen Rückgriff auf alle möglichen Erfordernisse beanspruchen, wohl aber kann man die Bemühung um unparteiliche Berücksichtigung der Interessen und Wünsche der Betroffenen erwarten.

Dieser begrifflichen Annäherung haftet noch immer etwas Vages an, doch übermittelt sie einige grundlegende Aspekte des moralischen Gebrauchs von „gut“.

67 R. M. Hare, *Die Sprache der Moral*, Frankfurt/M. 1997, Kap. II., 9; J. L. Mackie, *Ethik. Die Erfindung des Richtigen und Falschen*, Kap. 2.2.

In welchem Sinne sind ethische Sätze rational begründbar?

„Es ist klar, dass sich die Ethik nicht aussprechen lässt“ schreibt Ludwig Wittgenstein in seinem *Tractatus Logico-Philosophicus.* Das Ende seines Versuchs, die Grenzen des Denkens von innen zu bestimmen – dies war das Ziel dieses seines ersten Hauptwerks – lautet entsprechend: „Wovon man nicht sprechen kann, darüber muss man schweigen“.[68] Dies ist die direkte Folge aus der in jenem Werk vertretenen These, nur die Sätze der Naturwissenschaft ließen sich begründen, ja überhaupt sinnvoll sagen.

Allerdings kann es sich insbesondere eine demokratische Gesellschaft nicht leisten zu Fragen moralischer Unsicherheit zu schweigen. Schließlich erweist sich des einen Paradigma für verantwortungsvolles Handeln dem anderen eventuell als Ausbund der Unmoral. Bei den daraus resultierenden politischen Auseinandersetzungen bleibt der Kern der Dissonanz nicht selten verborgen. Es soll daher im Folgenden gezeigt werden, wie sich ethische Sätze rational begründen lassen und welche Methoden der Philosophie dafür zur Verfügung stehen.

Wie kann philosophische Reflexion moralische Debatten rationaler werden lassen?

Wenn moralische Auseinandersetzungen z. B. durch politisch motivierte Polemik überlagert werden, kann philosophische Analyse zumindest deutlich machen, was der eigentliche Gegenstand des Streites ist. Philosophische Stellungnahmen zu konkreten oder auch allgemeinen moralischen Fragen entstehen üblicherweise nicht so, dass eine Philosophin oder ein Philosoph ihre in Einsamkeit gewonnenen Resultate unter die Menschheit trägt. Vielmehr reagiert die philosophische Reflexion auf das Zerbrechen oder das Fehlen eines gesellschaftlichen Konsenses in Fragen der Moral und des Rechts. Sie reagiert darauf, dass nicht nur unklar ist, wie allgemeine Regeln auf konkrete Situationen angewandt werden sollen, sondern auch, welche allgemeinen Regeln Beachtung finden sollen oder ob es überhaupt welche geben soll, und sucht nach allgemein gültigen Antworten.

68 Ludwig Wittgenstein, *Tractatus Logico-Philosophicus*, 6.421, 7.

> Die philosophische Reflexion über Moral, die Ethik, sah es seit jeher als ihre Aufgabe an, in Bereichen moralischer Unsicherheit zur Klärung beizutragen. Dies geschah durch Rückführung der strittigen Fragen auf allgemein anerkannte Prinzipien, durch Versuche, solche Prinzipien allererst auf den Punkt zu bringen. Ferner geht es darum, diese Prinzipien und Prämissen auf ihre Vernünftigkeit und Konsensfähigkeit hin zu prüfen, indem man die Konsistenz der gesamten fraglichen Position und ihre Kohärenz mit unseren übrigen wohlbegründeten Überzeugungen untersucht, nicht jedoch, durch das Einführen völlig neuer Grundsätze.

Darauf hat Kant in aller Deutlichkeit hingewiesen: „Wer wollte aber auch einen neuen Grundsatz aller Sittlichkeit einführen, und diese gleichsam zuerst erfinden? gleich als ob vor ihm die Welt, in dem was Pflicht sei, unwissend, oder in durchgängigem Irrtum gewesen wäre.“[69]

Die Rolle der Philosophin, des Philosophen ist also nicht die der Expertokratin, des Moraltechnikers, des „Sozialingenieurs“. In einer demokratischen Gesellschaft kann es legitimerweise keine Instanz geben, die eine Art Monopol auf moralische Richtigkeit beanspruchen kann. Die moralische wie die theoretische Richtigkeit einer Auffassung beweist sich nur in der ständigen argumentativen Konfrontation mit abweichenden Überzeugungen. Gleichwohl gibt es durchaus Möglichkeiten, die moralische Richtigkeit gesellschaftlich umstrittenen Verhaltens zu untersuchen.

Wenn sich z. B. in den Jahren 2022 und 2023 zumeist junge Menschen, die sich der „Letzten Generation“ zuzählen, auf der Straße, zeitweilig auch bei weltbekannten Gemälden festkleben, um auf die Unzulänglichkeit der bisher ergriffenen Klimaschutzmaßnahmen hinzuweisen, stellen sich jenseits der allseitigen Empörung verschiedene Fragen. Dies beginnt bei der Frage nach der Legitimität der angestrebten Ziele, die angesichts der von der großen Mehrheit der Wissenschaftler:innen prognostizierten Entwicklung unseres Klimas gegeben sein dürfte. Eine zweite Frage ist, ob die für zivilen Ungehorsam wesentliche Forderung erfüllt wird, dass die Beteiligten ihr Anliegen öffentlich erläutern und um Zustimmung zu ihren Zielen werben, was auch der Fall zu sein scheint. Eine dritte dreht sich darum, ob es den Beteiligten darum geht, das demokratische System um den ihnen wichtigen Punkt zu verbessern, nicht zu beseitigen. Auch das kann man unterstellen.

---

69 Immanuel Kant, *Kritik der praktischen Vernunft*, Vorrede, Akad. Ausgabe V 8, Anm.

Schwieriger, evtl. auch von Fall zu Fall verschieden steht es mit der Antwort auf Fragen nach der Vermeidung von Fremdgefährdung Unbeteiligter durch die ergriffenen Maßnahmen, nach deren angemessenen Bezug zu den angestrebten Zielen und nach den Erfolgsaussichten. Es gibt nach wie vor keinen Algorithmus, durch den sich Richtigkeit oder Verwerflichkeit der einzelnen Aktionen errechnen ließe, da an zu vielen Stellen Fragen der Urteilskraft ins Spiel kommen. Doch kann die philosophische Reflexion die Kriterien benennen, welche eine Entscheidung leichter machen.

Auf welche Methoden kann philosophische Ethik zurückgreifen?

Platon hatte in seiner *Politeia* die Mathematik als unverzichtbares Rüstzeug für den Philosophen und Staatslenker hervorgehoben.[70] Auch in der Neuzeit wurde vielfach eine Ethik *more geometrico* propagiert. Kant möchte bei der Zergliederung der praktisch-urteilenden Vernunft in ihre Elementarbegriffe „in Ermangelung der Mathematik aber ein der Chemie ähnliches Verfahren, der Scheidung des Empirischen vom Rationalen, das sich in ihnen vorfinden lässt" zum Einsatz bringen.[71]

Doch gibt es auch seit jeher Einwände gegen die Anwendung mathematischer Methoden in der Ethik. Bereits Aristoteles hatte in polemischer Wendung gegen Platon darauf bestanden, dass man Mathematik und Staatskunst nur mit dem jeweils angemessenen Maß an Genauigkeit betreiben könne, wobei die Staatskunst und damit die Ethik den reiferen Personen vorbehalten sei, die kraft ihrer Lebenserfahrung die Fähigkeit besitzen, sie richtig zu verstehen – und natürlich auch, sie anzuwenden.[72] Mittlerweile hat sich die Ansicht durchgesetzt, die Sprache der Ethik enthalte zu viele semantische Vagheiten, um eine vollständige Analyse und deduktive Beweisführung mit formallogischen Mitteln erfolgversprechend erscheinen zu lassen. Häufig müssen historische und kulturelle Kontexte erläutert werden, damit die Prämissen deutlich werden, aufgrund derer Menschen ihre moralischen Urteile fällen.

Im Hauptwerk *A Theory of Justice* des amerikanischen Philosophen John Rawls (John Rawls, *A Theory of Justice*, Harvard 1971, Oxford 1973)

70 Platon, *Politeia*, Buch VII Kapitel 8 u. 9.
71 Immanuel Kant, *Kritik der praktischen Vernunft*, Beschluß, Akad. Ausgabe V 163.
72 Aristoteles, *Nikomachische Ethik I 1*, 1094b 22ff.

findet sich einesteils die Forderung nach einer „Art moralischer Geometrie“[73]. Andererseits bietet sein methodischer Grundsatz des Überlegungsgleichgewichts, des *reflective equilibrium*, der letztlich wiederum auf Aristoteles zurückgeht,[74] eine attraktive Methodologie, die auch das Verhältnis von Ethik und Ethik-Anwendung berücksichtigt. Grundgedanke ist, dass sich die richtigen moralischen Überzeugungen durch einen ständigen kritischen Austausch zwischen allgemeinen ethischen Prinzipien und den Intuitionen der Individuen in konkreten Einzelfällen herausbilden.

Wie funktioniert das Überlegungsgleichgewicht?

Nach Rawls findet ein ständiger kritischer Austausch zwischen allgemeinen ethischen Prinzipien und den Intuitionen der Individuen in konkreten Einzelfällen statt. Dieser diskursive Austausch steht unter der Forderung der *Kohärenz*: Die intuitiven Urteile einer Person, aber auch einer politischen Richtung sollten aus ihren allgemeinen Prinzipien ableitbar sein und sie sollten einander nicht widersprechen. Falls unterschiedliche allgemeine Prinzipien in einer konkreten Situation anwendbar wären und zu widersprüchlichen Folgerungen führten, dann sollte es eine klare Rangordnung zwischen diesen Prinzipien geben.

Intuitionen können in diesem Gefüge Gründe liefern, um Prinzipien zu korrigieren. Als Beispiel dafür, dass eines der ehernsten Prinzipien der praktischen Philosophie, nämlich Kants kategorischer Imperativ, sich als ergänzungsbedürftig erwies, weil er lediglich Vernunftwesen schützt, kann man Kants eigene Versuche ansehen, Grausamkeiten gegen Tiere als moralisch inakzeptabel nachzuweisen.[75] Seine Behauptung, wer solches tue, sei auch alsbald grausam zu Menschen, ist eine empirische Behauptung, die obendrein in dieser Allgemeinheit falsch zu sein scheint. Offenbar sucht er nach einem Weg, in seiner Konstruktion nicht nur die Vernunft, sondern bereits die Leidensfähigkeit als Grund für einen moralischen Schutz zu etablieren, auf den die Tiere zunächst keinen Anspruch haben.

Nicht immer sind jedoch Intuitionen zuverlässige Wegweiser für mögliche Korrekturen an den Versuchen, unsere allgemeinsten Prinzipien zu

73 John Rawls, *A Theory of Justice*, Harvard 1971, Oxford 1973, § 20, 121, deutsch: *Eine Theorie der Gerechtigkeit*, Frankfurt/M. [8]1994, 143.

74 John Rawls, *A Theory of Justice*, Harvard 1971, Oxford 1973, § 9.

75 Immanuel Kant, *Vorlesung zur Ethik* (Hg. Paul Menzer), Berlin 1925, 303.

formulieren. Häufiger muss man sich um die Korrektur einiger seiner Intuitionen bemühen, wenn sie mit grundlegenderen Überzeugungen kollidieren. Allgemeinste moralische Prinzipien besitzen eine gewisse Immunität gegen Veränderungen, selbst, wenn aus ihnen abgeleitete moralische Forderungen und Urteile manchen Menschen uneinsichtig erscheinen. Für gewöhnlich wird man sich dann bemühen, Inkohärenzen in den Überzeugungen dieser Menschen festzustellen. Doch können, wie gesagt, intuitive Abneigungen gegen derartige Folgerungen mitunter den ersten Anstoß zu Reflexionen geben, die zur Korrektur, möglicherweise gar zur Beseitigung allgemeiner Prinzipien führen.

Als Gesamtbild unserer ethischen Bemühungen entsteht somit ein Konzept, nach dem verantwortliche moralische Überzeugungen weder allein auf dem Herkommen beruhen noch auf den Befehlen einer Gottheit. Sie sind auch nichts der Vernunft für immer Eingegebenes, sich analytischer Wahrheit Erfreuendes. Vielmehr sind wir Menschen an diesen Überzeugungen mitschaffend tätig. Dies geschieht natürlich nicht durch das Aufstellen willkürlicher und beliebiger Behauptungen und Forderungen. Vielmehr wird von allen am Diskurs Beteiligten Ernsthaftigkeit und das Bemühen um logische Kohärenz und intellektuelle Kontinuität erwartet, will sagen, sie sollten sich in ihren Ansichten nicht widersprechen und dieselben nicht abrupt und grundlos ändern. Man kann dies als die praktische, normative Seite der offenen Rationalität ansehen.[76]

Wir ermitteln anhand von Kriterien für moralische Prinzipien wie denen der Allgemeingültigkeit, der Unparteilichkeit, der Unvoreingenommenheit, der universellen Anwendbarkeit Grundsätze, die moralische Auffassungen auf den Punkt bringen. Wir überprüfen ihre Akzeptabilität, indem wir konkrete Situationen betrachten oder auch fingieren, in denen die prinzipiengemäßen Handlungen oder Einstellungen mit den Folgerungen aus anderen Moralgrundsätzen in Konflikt geraten könnten und entscheiden uns für dasjenige Prinzip, das für diese Situationen mit unseren sonstigen Überzeugungen aufs Ganze gesehen am besten zusammenstimmt.

76 Vgl. W. V. O. Quine, *Word and Object*, Cambridge [14]1985, § 6; R. Dworkin, *Taking Rights Seriously*, Cambridge 1978, Chap. 10.

Die Forderungen nach Kohärenz und Rationalität sorgen dafür, dass aus diesem Verständnis ethischer Prinzipiensuche kein Relativismus wird, dessen Probleme soeben dargelegt wurden. Im Sinne einer Kohärenztheorie der Wahrheit können ethische Sätze daher, wenn man will, als wahr bezeichnet werden. Sinnvoller erscheint es mir indessen, hier von moralischer Richtigkeit zu sprechen, um die Differenz zur deskriptiven Sprache zu wahren.

Wie verhalten sich Konsens und Vernünftigkeit zueinander?

Dass etwas von allen oder jedenfalls von der großen Mehrheit angenommen wird, dass Konsens über etwas besteht, verleiht ihm eine gewisse Vermutung der Richtigkeit. Es gab sogar eine Theorie, welche die Wahrheit am Konsens der Sachkundigen festmachte. Die Vernünftigkeit und die Konsensfähigkeit fallen jedoch offenbar nicht in allen Fällen zusammen: Ein Wahlrecht für Frauen zu fordern stand vor hundert Jahren in direktem Gegensatz zum breiten gesellschaftlichen Konsens und war dennoch *vernünftiger* als dieser, nicht nur eine abweichende Meinung unter vielen. Die Forderung entsprach nämlich besser als die Bewahrung des damaligen status quo dem grundsätzlicheren und allgemeineren Prinzip, dass Menschen, die in den für die jeweilige Frage relevanten Punkten gleich sind, auch gleich zu behandeln sind. Dies mag auch als Beispiel für die Möglichkeit gelten, dass Intuitionen, in diesem Fall sogar kollektive Intuitionen aufgrund ihrer Inkompatibilität mit allgemein anerkannten Prinzipien korrigiert werden.

Orientierung am faktischen Konsens führt generell leicht in den Konformismus, der die Menschen auch manifestes Unrecht hinnehmen lässt, um nicht Ruhe und Frieden zu gefährden.[77] Nicht der faktische Konsens, wohl aber die Konsens*fähigkeit* ist gleichwohl ein wichtiges Kriterium für die Überprüfung und Begründung moralischer Prinzipien.

> Die Konsensfähigkeit, die möglichst große Übereinstimmung mit allgemeinsten Grundsätzen ist neben ihrem Beitrag zur inhaltlichen Bestimmung dessen, was moralisch richtig ist, auch ein Indikator für die Zumutbarkeit von moralischen Forderungen.

77 Über das Verhalten der amerikanischen Unionisten zur Sklaverei in den Jahren vor dem Bürgerkrieg vgl. Omri Boehm, *Radikaler Universalismus*, Berlin 2022, 32.

Kriterien wie die Annahme einer prima facie moralischen Gleichheit der Menschen sollen diese Zumutbarkeit sichern, da die eklatante Benachteiligung eines Teils der Gesellschaft dazu führt, dass die fraglichen Zustände oder Maßnahmen nicht zumutbar sind. Damit wird auch eine Antwort auf die Frage versucht, um wessen Konsens es denn gehen könne. Mehr oder minder drastische Gegenbeispiele für allgemeine Zumutbarkeit waren oder sind der Konsens der nicht-versklavten Amerikaner in der Mitte des 19. Jahrhunderts, der Konsens im Denken kolonisierender Gesellschaften ohne angemessene Berücksichtigung der Situation der Kolonisierten, der männliche Konsens in patriarchalischen Gesellschaften. Die Annahme moralischer Gleichheit impliziert, dass von Zumutbarkeit erst gesprochen werden kann, wenn soziale oder auch natürliche Benachteiligungen berücksichtigt und möglichst ausgeglichen werden.[78]

---

78 Siehe die genannte Passage bei Boehm; über die Kritik Enrique Dussels an der Diskursethik, welche die Lebenswirklichkeit der Kolonisierten nicht beachte; Stefan Knauß, *Von der Conquista zur Responsibility while Protecting*, Berlin 2016, Kap. 1.5.2., Seyla Benhabib, *Selbst im Kontext. Gender Studies*, Frankfurt/M. 1995.

3 Das moralisch Gute

In diesem Kapitel erfahren Sie unter anderem, welche Bedeutung der Handlung bei der Bestimmung des Guten zukommt und wie Handlungen den Gegenstand moralischer Urteile bilden. Zu diesem Zweck definiert das Kapitel zunächst den Begriff der Handlung und unterscheidet im Anschluss zwischen verschiedenen Handlungstypen. Diesbezüglich erfolgt auch eine Beschäftigung mit den Konzepten der Freiwilligkeit, der Zurechnung und der Verantwortung sowie eine theoriengeleitete Diskussion der Frage, ob freier Wille existiert. Zuletzt führt das Kapitel den Tugendbegriff ein und fragt nach der Rolle von Tugend in moralischen Kontexten. Handelt es sich um eine Last oder um den Schlüssel zum Glück?

Was und wer wird warum moralisch gut genannt?

Eine etwas genauere Überlegung, was der Gegenstand moralischer Urteile ist, was durch moralische Urteile in der einen oder anderen Weise eingestuft wird, als geboten, richtig, gut, verwerflich, verboten oder dergleichen, führt früher oder später auf den Begriff der Handlung. Gewiss werden auch Personen als gut, vorbildlich oder verkommen tituliert, doch geschieht dies unter Verweis auf ihre Handlungen oder Handlungsweisen. Selbst die Beurteilung sozialer Strukturen erfolgt insoweit anhand moralischer Standards, wie man annimmt, sie ließen sich zumindest „im Prinzip" ändern – nämlich durch menschliches Handeln, also eine spezifische Weise menschlichen Verhaltens.

Literaturtipps

Friedo Ricken, *Allgemeine Ethik*, Stuttgart u. a. ^{5}2012, Teil C.

Donald Davidson, *Handlung und Ereignis*, Frankfurt/M. 1985.

Georg Meggle, Ansgar Beckermann (Hg.), *Analytische Handlungstheorie* (Bd. I und II), Frankfurt/M. 1985.

Dieter Birnbacher, *Tun und Unterlassen*, Stuttgart 1995.

Christoph Lumer, *Rationaler Altruismus*, Paderborn ^{2}2009.

Warum sind Handlungen wichtig für moralische Urteile?

Die Rede über Handlungen als Gegenstand moralischer Beurteilung wird in dem Moment wichtig, wo wir beginnen, sie vom je konkreten Tun einer bestimmten Person zu abstrahieren und zu bestimmten Handlungstypen zu ordnen. Damit gewinnen wir für Handlungen Bewertungsmöglichkeiten, die gerade nicht davon abhängig sind, dass es sich um die Handlung dieser bestimmten Person zu jenem bestimmten Zeitpunkt handelt, sondern die sich allgemein auf eine Art von Handlungen, auf einen Handlungstypus beziehen. Dabei bleibt zu berücksichtigen, dass sowohl Handlungen als auch Handlungstypen eine erhebliche Bandbreite an Variationen aufweisen.

Was genau ist eine Handlung?

Man kann beginnen, die Handlungstypen anhand einiger bekannter oder auch aus Alltagssituationen entlehnter Beispiele zu entwickeln. Friedo Ricken (*1934; †2021) nennt die Folgenden[79]:

- Caesar eroberte Gallien
- Brutus tötete Cäsar
- Monika öffnete das Fenster
- Peter winkte Claudia
- Eva gähnte
- Thomas unterdrückte ein Lachen

Man könnte noch hinzufügen:

- Elvira dachte nach

Wenn man daraus Typen zu abstrahieren beginnt, so findet man sowohl Handlungen, die sich über einen relativ langen Zeitraum erstrecken und in zahlreiche Teiltätigkeiten aufgegliedert sind wie die Eroberung Galliens, als auch einfachere Handlungssegmente wie das Öffnen eines Fensters. Es finden sich sowohl einmalige Handlungen (Brutus tötete Cäsar), als auch wiederholbare Handlungen wie das Gähnen, ferner sowohl solche, deren Beschreibung einen Erfolgsbericht beinhaltet („tötete"), als auch solche, deren Resultat unklar ist (winken, nachdenken), sowohl äußerlich beobachtbare als auch nur introspektiv feststellbare, das Nachdenken, vielleicht auch das Unterdrücken eines Lachens.

Ein Resultat der Abstraktion von der konkreten Situation ist, dass sich die moralische Beurteilung einerseits nicht auf die Handlungen von Personen bezieht, sofern es *diese* Personen sind, dass es andererseits relevanter Zusatzinformationen bedarf. Es ist für die moralische Beurteilung zunächst nicht wichtig, ob Peter oder Paula oder Brutus tötete, wohl aber, ob es in Notwehr geschah oder im Verlauf einer Kampfhandlung in einem militärischen Konflikt oder aus Gier mit heimtückischer Absicht etc.

79 Vgl. zu diesem Abschnitt Friedo Ricken, *Allgemeine Ethik*, Stuttgart u. a. [5]2013, 96–105. Die im Text folgenden Beispiele finden sich auf S. 97ff.

Damit hätten wir ein erstes wesentliches Merkmal des Handlungsbegriffs erfasst: *Handlungen werden üblicherweise Personen zugeschrieben und diese können dafür verantwortlich gemacht werden.* Personen sind in erster Näherung Wesen, die einen Bezug zu sich selbst besitzen und zu willentlichem, evtl. geplantem Tun in der Lage sind.

Ob nur die Personen sind, die diese Fähigkeiten aktual besitzen oder auch die, welche über das Potential dazu verfügen, ist umstritten. Wie sich zeigen wird, spricht jedenfalls viel dafür, im Anschluss an Aristoteles und Thomas von Aquin bereits das, was freiwillig geschieht und daher zurechenbar ist, als Handlung anzusehen. Dabei ist Handlung nicht nur das absichtlich Geplante. Dies dürfte für den deutschen Sprachgebrauch zu eng sein. Auf der anderen Seite sollte der Handlungsbegriff nicht unnötig erweitert werden, obwohl wir entsprechendes Vokabular alltäglich in anderen Kontexten verwenden, etwa wenn sich der Rost durch den Kotflügel eines Autos frisst oder das Wasser sich seinen Weg durch die Wiesen bahnt. Dennoch würden wir nicht sagen, dass diese Dinge handeln.

Was unterscheidet Handlungen von anderen Ereignissen?

Handlungen lassen sich als *Veränderungen der Welt* (in einem sehr weiten Sinn aufgefasst) *verstehen, die von Personen verursacht werden.*

Die Veränderung kann darin bestehen, dass ein Sachverhalt p nach der Handlung nicht mehr besteht, oder darin, dass p vor der Handlung nicht bestand, jedoch danach, oder darin, dass p erhalten bleibt, was ohne die Handlung nicht der Fall wäre, oder darin, dass p verhindert wird.

Wenn etwa „p“ der Sachverhalt „Cäsar lebt“ ist, so wurde er an den Iden des März 44 v. Chr. durch die Handlung einiger Senatoren in den Sachverhalt „nicht p“ übergeführt, zuvor durch eine Handlung der Geburtshilfe vom Sachverhalt „nicht p“ in den Sachverhalt „p“. Durch die Handlung einiger seiner Soldaten wurde der Sachverhalt bei anderen Attentatsversuchen erhalten. Verhindert wurde an den Iden des März der Sachverhalt „q“: Cäsar wird König.

„Veränderung“ ist hier, wie gesagt, sehr weit zu interpretieren, da nach unserem Alltagsverständnis auch geistige Tätigkeiten wie das Meditieren und das Nachdenken Handlungen sind und kein Grund erkennbar ist, diese Sicht zu korrigieren.

Handlungen stellen jedoch einen ganz bestimmten Typ menschlicher Verursachung einer Veränderung dar, wie folgende Beispiele illustrieren:[80]

- Ursula stolpert und wirft dabei eine Blumenvase um.
- 1+ Veronika wirft eine Blumenvase um, um eine Party durch ein Aktionskunstwerk zu bereichern.
- 2- Der Finger von x krümmt sich
- 2+ x krümmt seinen Finger

Der sich krümmende Finger könnte sich am Abzug eines Gewehres befinden, das auf jemanden gerichtet ist.

In beiden Beispielen können das erste und das zweite Ereignis dieselben Folgen haben, doch sind nur die mit + versehenen Varianten Handlungen: In den ersten beiden, mit – versehenen Fällen können wir die Kausalkette immer weiter zurückverfolgen. Das Stolpern erfolgt wegen einer Welle im Teppichboden, diese wegen Nässe aus einem lecken Wasserrohr im Fußboden, Leck im Wasserrohr durch Rost, Rost durch falsches Verlegen... Das Fingerkrümmen geschieht durch einen Krampf im Finger, dieser durch Durchblutungsstörung, diese durch Unterernährung...

In den jeweils zweiten Beispielsätzen kann man nur sagen: Sie oder er hat es getan, allenfalls noch, weil sie oder er es gewollt hat und wir können fragen, welche Gründe es dafür gab. Weitere Erläuterungen finden also in Form von Rechtfertigungen oder auch Zweifeln an denselben statt.

Obwohl dieses Merkmal immer wieder kritisiert wird, lässt sich für die meisten Fälle an der Regel festhalten, dass man bei Handlungen nicht nach Ursachen, sondern nach Gründen fragt. Erst wo diese keine Erklärung mehr liefern, sucht man nach Ursachen – wobei es, zugegeben, zahlreiche Übergangsphänomene gibt.

Wenn beispielsweise ein Schachgroßmeister durch einen innerhalb der Logik des Spiels nicht zu rechtfertigenden Anfängerfehler ein Turnier verliert, tauchen Spekulationen auf, ob er unter durch falsche Ernährung oder durch Sauerstoffmangel bedingten Konzentrationsschwächen litt, durch

80 Ricken a.a.O.

eventuelle Traumata psychisch beeinträchtigt ist, durch Störsender und andere Sabotage abgelenkt wurde und dergleichen.

Die in 1- und 2- genannten Kausalverknüpfungen basieren auf der Annahme vorhandener Kausalgesetze, die hier Anwendung finden. Dies ist bei der Behauptung, dass *ich* meinen Finger bewege, nicht der Fall. Ob ich mir das nur einbilde oder ob es hier tatsächlich so etwas wie Freiwilligkeit und Freiheit geben kann, soll im Folgenden kurz angesprochen werden.

Gibt es Handlungen, die nicht beabsichtigt sind?

Man hat eingewandt, es gebe Gegenbeispiele gegen das Kriterium der Absichtlichkeit. So habe Ödipus seinen Vater nicht absichtlich getötet, obwohl dies sicherlich eine Handlung sei, jemand verrechne sich nicht absichtlich, obwohl auch dies eine Handlung sei und jemand, der beim Versuch, seinen Hund zum Tierarzt zu fahren, eine Katze überfahre, begehe auch eine Handlung, obwohl nicht absichtlich.[81]

Allerdings lassen sich diese Ereignisse im Kontext beabsichtigten Verhaltens beschreiben – Ödipus tötet einen Mann im Streit, jemand führt eine Rechnung durch, jemand fährt den Hund zum Tierarzt – und sind von daher als Handlungen einzustufen, auch wenn das bestimmte Resultat nicht beabsichtigt war. Im Anschluss an Thomas von Aquins Feststellung, die unbeabsichtigte Tötung eines Angreifers bei einer Notwehrhandlung sei moralisch nicht zu verurteilen, entwickelte sich die Lehre von der sog. Doppelwirkung (duplex effectus, double effect), die im Kontext der angewandten Ethik kurz vorgestellt wird (5). Ob die Handlung dann moralisch gerechtfertigt ist, ist eine andere Frage, es bleibt dabei, dass es eine Handlung ist.

Dennoch ist der genannte Einwand insofern berechtigt, als man den Begriff der Handlung wohl etwas weiter fassen muss und nicht nur eine *absichtlich* verursachte Veränderung als Kriterium akzeptiert. Es genügt, dass man die Veränderung freiwillig verursacht hat, dass man es hätte unterlassen können, wie im erwähnten Beispiel der fahrlässigen Tötung eines Tieres. Entsprechend wird im angelsächsischen Strafrecht bei der Frage, ob jemand verurteilt wird, die *mens rea* auch daran festgemacht, dass die Person *absichtlich* oder *wissentlich* oder zumindest *freiwillig* tätig war.

81 Ricken 104f.

Wie hängen Freiwilligkeit, Zurechnung und Verantwortung zusammen?

Wenn die Freiwilligkeit zu einem wesentlichen Merkmal von Handlungen wird und Menschen für Handlungen zur Rechenschaft gezogen, verantwortlich gemacht, vielleicht sogar bestraft werden, wird es unvermeidlich, sich zu fragen, was wiederum mit Worten wie „freiwillig", „Wille" und „Verantwortung" gemeint ist. Da es dazu eine Jahrhunderte und in Teilen Jahrtausende alte Diskussion gibt, versteht es sich von selbst, dass hier nur einige Stichpunkte genannt werden können, die gleichwohl etwas Licht auf die Problematik zu werfen vermögen. Als Einstieg eignet sich eine der innerhalb Europas ältesten Bemühungen Kriterien für Freiwilligkeit zu finden, bei der die für Aristoteles typische Fähigkeit zu einfachen und klaren, gleichwohl treffenden Differenzierungen zum Tragen kommt.

Literaturtipps
Aristoteles, *Nikomachische Ethik III*, 1–3.
Thomas von Aquin, *Summa Theologiae IaIIae qu. 6.*
Anthony Kenny, Will, *Freedom and Power*, Oxford 1975.

Wie soll man die Rede von Freiwilligkeit und Willen verstehen?

Nach wie vor gültig und hilfreich sind die aristotelischen Kriterien für freiwilliges Handeln. Diese sind erstens, dass der Ursprung im Handelnden liegt, also kein Zwang von außen ausgeübt wird, zweitens, dass der oder die Ausführende ein Wissen um das Ziel besitzt.[82] Dies „Wissen" kann dabei zunächst in einem sehr weiten Sinn interpretiert werden, so dass auch bei Tieren, die ihr vergrabenes Futter finden, von Freiwilligkeit in diesem Sinne gesprochen werden kann. Aristoteles erwähnt noch die Möglichkeit gemischt-freiwilligen Tuns, wenn man unter dem Druck einer Notlage entscheidet, etwa in Seenot die Ladung über Bord wirft oder von einem

82 Aristoteles, *Nikomachische Ethik III* 1–3, 1109b 30 – 1111a 24. Vgl. Béatrice Lienemann, *Aristoteles' Konzeption der Zurechnung*, Berlin 2018, Kap. 2 und 3.

Tyrannen erpresst wird, der die Familie in der Gewalt hat. Die Möglichkeit innerer Zwänge berücksichtigt er nicht.

Die spezifisch *menschliche* Form der Entscheidung beschreibt er an anderer Stelle durch die hinzukommende *bouleusis*, d. h. Erwägung, Beratung, die sich einmal auf das rechte Mittel richtet, wenn das Handlungsziel klar ist.[83] Zum anderen stellt sie ein konkretes Handlungsziel in den Rahmen eines oder mehrerer alternativer Lebensentwürfe mit ihren Auffassungen von gutem und richtigem Leben, wägt und bewertet die entstehenden Alternativen. *Prohairesis* ist dann die Fähigkeit aus den so geklärten Gründen Entschlüsse zu fassen und in die Tat umzusetzen. Bei Aristoteles findet sich daher auch die Charakterisierung, die später durch Thomas von Aquin zur Definition des Willens herangezogen wird: Wille ist nach diesem Verständnis *orexis dianoetike, appetitus rationalis*, überlegtes, durch (diskursiven) Verstand geleitetes Streben.[84]

> Zum im vollen Sinne willentlichen Tun gehört – auch ohne Erwägung alternativer Lebensentwürfe – das vollständige, begriffliche Wissen um das Ziel und um das, was zum Erreichen dieses Zieles erforderlich ist, ein Wissen, das nur rationalen Wesen zukommt.

Nichtwissen kann also die Freiwilligkeit einschränken und man wird einer Person in geringerem Maß die Verantwortlichkeit für eine moralisch verwerfliche Tat zuschreiben, wenn sie sich ihren Möglichkeiten nach informiert hat, mit dem relevanten Wissen – wenn es ihr zur Verfügung gestanden hätte – die Tat nicht ausgeführt hätte und das Resultat bedauert.

Was ist mit Verantwortung und Zurechnung gemeint?

Auf der Annahme der Mensch sei frei in seinen Entscheidungen beruht auch die Annahme, dass er dafür zur Verantwortung gezogen und – falls die Verfehlung auch rechtswidrig ist – bestraft werden kann. Man spricht dann davon, dass ihm seine Taten zugerechnet werden können, sofern er eben zurechnungsfähig ist. Hier gibt es natürlich auch erhebliche Abstufungen.

---

83 Aristoteles, *Nikomachische Ethik* III 5, 1112a18-1113a14, Lienemann, Kap. 6.

84 Aristoteles, *Nikomachische Ethik* VI 2, 1139a 30 ff.; Thomas von Aquin, *ST IIa IIae*, qu. VI art. 2 co; Anthony Kenny, *Will, Freedom and Power*, Oxford 1975.

Zur proportionalen Abstufung der Schwere des Vergehens gehören die Frage nach dem Maße der Verantwortlichkeit des Täters, der Verwerflichkeit seiner Absichten und dergleichen. Diese Aspekte kommen in den abendländischen Rechtssystemen immer wieder zum archaischen Rachegedanken hinzu, ohne ihn jedoch in der Strafauffassung ganz zu ersetzen.

Problematisiert wird im Verlaufe kultureller Entwicklung die Frage nach der individuellen Schuld im Gegensatz zur starren Schuldzuschreibung gegenüber jedem, der ein Mitglied der eigenen Gruppe geschädigt hat. Ödipus hat trotz seines Bemühens, dem delphischen Orakelspruch zu entrinnen, keinerlei moralische Probleme, einen Unbekannten im Hohlweg zu töten. Erst als er in seiner Eigenschaft als König von Theben nach dem „Mörder" von Laios sucht, dessen persönliche Motive ihn nun wiederum gar nicht interessieren, kommt der tragische Konflikt zustande. Die Dramatik des Mythos lebt auch vom erwachenden Sinn für die Rolle der Verantwortlichkeit bei der Schuldzuschreibung. Einen durchaus vergleichbaren Vorgang findet man in Europa im Prozess der Subjektivierung und Individualisierung im 12. Jahrhundert. In einem erheblich vom germanischen Stammesrecht beherrschten Kulturraum, bei dem der äußere Ablauf entscheidend ist, wenn etwa jemand zu Tode kommt, wird die Frage nach der *intentio*, der Absicht des Täters oder der Täterin in der Theologie, in der moralischen Reflexion, aber auch im Recht immer wichtiger. Eine zentrale Rolle spielt der französische Theologe Peter Abaelard (*1079; †1142). Durch das Vordringen des Aristotelismus im dreizehnten Jahrhundert entstehen weitere Reflexionen über Freiwilligkeit und Zurechenbarkeit, die über einige Umwege die Grundlage unserer heutigen strafrechtlichen Unterscheidungen bilden.

Sofern klar ist, dass eine Person eine verwerfliche Tat begangen hat, wird untersucht, ob sie dafür verantwortlich gemacht werden kann. Das heißt, sie muss die Tat freiwillig begangen und absichtlich oder wissentlich oder fahrlässig gehandelt haben, was, wie bereits erwähnt, als *mens rea* bezeichnet wird. Die begriffliche Nähe ethischer und strafrechtlicher Überlegungen ist an dieser Stelle nicht zufällig, da es um die Frage nach der Verantwortlichkeit bzw. der Zurechenbarkeit von Handlungen geht.

Literaturtipp

Matthias Kaufmann/Joachim Renzikowski (Hgg.), *Zurechnung und Verantwortung*, in: Beiheft 134 des Archiv für Rechts- und Sozialphilosophie, Baden Baden 2012.

Können wir frei entscheiden?

In der Diskussion um Verantwortung und Zurechnung stellt sich allerdings auch die Frage, ob wir überhaupt in der Lage sind, im vollen Sinne frei zu handeln, ob es sich dabei nicht nur um eine liebgewordene Illusion handelt. Die Frage, ob und wie es möglich sei, dass Menschen einen freien Willen haben, wenn Gott als ihr Schöpfer doch allwissend, allmächtig und allgütig sei, führte bis ins 18. Jahrhundert zu erbitterten theologischen Debatten. Seither wurden diese mehr und mehr durch die Frage überlagert und schließlich ersetzt, wie ein freier Wille mit dem naturwissenschaftlichen Weltbild zusammenpassen kann, für das alles durch Kausalgesetze festgelegt ist.

Was eigentlich ist „der Wille"?

Wie es aussieht, gab es den Begriff des Willens, wie wir ihn heute mehr oder weniger klar verwenden, weder in der griechischen noch in der biblischen Tradition, er entstand in etwa bei Augustinus, als beide Stränge sich mit Grundsätzen aus dem römischen Recht verbanden.[85]

Im Mittelalter entwickelten sich zwei bis heute wichtige Konzeptionen des Willens: Thomas von Aquin definiert, wie gesagt, den Willen in aristotelischer Tradition als überlegtes Streben, *appetitus rationalis.* Nach Ioannes Duns Scotus ist der Wille eine eigene Fähigkeit der Seele, neben dem Verstand. Nach seiner Sicht haben wir auch nach erfolgter Reflexion noch die Möglichkeit, uns zu entscheiden und den Anspruch, in dieser Entscheidung ernstgenommen zu werden. Doch betont auch er die Rolle der *recta ratio,* der rechten Vernunft. Zwischen Thomas von Aquin und Duns Scotus sah man[86] die Trennungslinie zwischen zwei grundlegenden Freiheitskonzepten in der Geschichte der Philosophie: Willensfreiheit als durch den Intellekt gewonnene Fähigkeit nach Gründen zu handeln auf der einen, Freiheit als radikale Unbestimmtheit des Willens auch nach aller Reflexion auf der anderen Seite.

---

85 Albrecht Dihle, *Die Vorstellung vom Willen in der Antike,* Göttingen 1985.

86 Etienne Gilson, *Duns Scotus Eine Einführung in die Grundgedanken seiner Lehre,* Düsseldorf 1959, 604.

Was hat Freiheit mit Kausalität zu tun?

Die erwähnten theologischen Auseinandersetzungen darum, wie Gottes Allwissenheit und Allmacht mit dem freien Willen des Menschen vereinbar sein können, wurden im sog. Gnadenstreit innerhalb der katholischen Theologie zwischen Jesuiten und Dominikanern derart verbissen geführt, dass sie im 17. Jahrhundert in ein päpstliches Publikationsverbot mündeten.[87] Heutzutage steht die Frage im Vordergrund, ob es Willensfreiheit geben kann, wenn alles auf der Welt durch naturwissenschaftliche Gesetze determiniert ist. Natürlich kann die umfangreiche Diskussion zu dieser Problematik hier nur durch einige hinführende Bemerkungen skizziert werden.

Willensfreiheit wird etwa bei Kant verstanden als die Fähigkeit, Erst-Ursache der eigenen Handlungen zu sein. Ist dies aber möglich, wenn das Kausalprinzip, wonach alles, was geschieht, eine natürliche Wirkursache hat, auch für den Bereich menschlichen Tuns gilt? Hier muss man sich zunächst darauf verständigen, dass es, wie David Hume gezeigt hat, keine logisch notwendige Verbindung zwischen Ursache und Wirkung gibt. Das Kausalprinzip wie die einzelnen Kausalgesetze beruhen für ihn einzig und allein auf der Erfahrung bzw. empirischer Forschung. Demgegenüber hebt Kant die Notwendigkeit der Ursache-Wirkungsbeziehung hervor, allerdings in dem Sinne, dass wir Erscheinungen, die aufeinanderfolgen, deshalb als zeitlich geordnet erfahren, weil wir über den „Begriff des Verhältnisses der Ursache und Wirkung" verfügen.[88] Dies gilt auch, *wenn* der menschliche Wille als Ursache auftreten sollte, doch ist damit noch nicht entschieden, *ob* er als Ursache einer Handlung zu wirken vermag.

Die Idee der Freiheit offenbart sich für Kant allemal durchs moralische Gesetz. Die Freiheit ist die *ratio essendi* des moralischen Gesetzes, also der Grund, warum es das moralische Gesetz geben kann, weil wir nicht durch Naturgesetze determiniert sind, sondern moralischen Regeln folgen können. Das moralische Gesetz aber ist die *ratio cognoscendi* der Freiheit, der Grund, weshalb wir die Freiheit erkennen können.[89] Es bleibt die Frage, ob wir wirklich, wie bei dieser Überlegung vorausgesetzt, dem moralischen Gesetz folgen oder ob dies nur eine schöne Illusion ist.

---

87 Sven Knebel, *Wille, Würfel und Wahrscheinlichkeit. Das System der moralischen Notwendigkeit in der Jesuitenscholastik 1550–1700*, Hamburg 2000, 170.

88 David Hume, *Eine Untersuchung über den menschlichen Verstand*, Frankfurt/M. [4]2014, Abschnitt 7; Immanuel Kant, *Kritik der reinen Vernunft*, B 234, Akad. Ausgabe III, 167f.

89 Immanuel Kant, *Kritik der praktischen Vernunft*, Akad. Ausgabe V 5, FN.

Sind wir „in Wirklichkeit" alle determiniert?

Die Kernthese des Determinismus besteht darin, dass das Kausalprinzip, wonach es für jedes Ereignis und jeden Zustand eine *causa efficiens*, eine Wirkursache gibt, auf alle Bereiche der Welt angewandt werden muss, also auch auf den Bereich menschlicher Handlungen. Bei ausreichender Kenntnis des vorliegenden Zustands eines Menschen und der relevanten Kausalgesetze könnte man seine Handlungen daher zuverlässig prognostizieren. Dass dies noch in keinem Fall zuverlässig geglückt ist, ändert nichts an der grundsätzlichen Möglichkeit und daran, dass wir uns bei der Annahme, in unseren Entscheidungen frei zu sein, schlicht täuschen. Ethik hätte in dieser Sicht wenig Sinn, weil wir ohnehin nicht frei sind, uns zwischen richtigen und falschen Handlungen zu entscheiden. Dies folgte zumindest aus dem „harten" Determinismus, den man vom „weichen Determinismus" und vom „Libertarianismus" unterscheidet.[90] Der weiche Determinismus oder Kompatibilismus vertritt die Auffassung, dass sich Determinismus und Willensfreiheit durchaus vereinbaren lassen. Der Libertarianismus ist mit dem harten Determinismus der Ansicht, beides sei miteinander unverträglich, lehnt jedoch den Determinismus zugunsten der Willensfreiheit ab.

Varianten des harten Determinismus unterscheiden sich nach der Art von Faktoren, die man als determinierend zulässt, ob man sich etwa auf den rein physiologischen Bereich beschränkt, ob man psychologische Gesetzmäßigkeiten oder auch soziale und ökonomische Milieubedingungen akzeptiert.

Der harte Determinismus sieht sich jedoch verschiedenen Problemen gegenüber. Erstens widerspricht seine These komplett unserer Alltagserfahrung, in der wir die Fälle, in denen Leute nicht anders handeln *konnten*, von der normalen Situation der Verantwortlichkeit unterscheiden, wo wir sie loben, tadeln oder sogar strafen, weil wir sie für verantwortlich erklären und wo wir sie durch Versprechen und Drohungen unterschiedlicher Art tatsächlich mit gewissem Erfolg zu beeinflussen glauben.

Zweitens gehört seine These zu jener Art von globalen Sätzen, die einer empirischen Bestätigung ebenso wenig zugänglich sind wie einer zwingenden Falsifizierung durch ein empirisches Resultat. Wir sind jedoch weit davon entfernt, menschliches Verhalten zuverlässig prognostizieren zu können, weshalb der harte Determinismus eher eine metaphysische These

---

90 William James, *The Dilemma of Determinism (1884)*, in: William James, The Will to Believe, Cambridge 2014, 145–183.

darstellt als eine wissenschaftliche Behauptung. Der Libertarianismus hat zwar die Alltagserfahrung auf seiner Seite, doch wird es schwierig, eine Grenze anzugeben, an der die empirische Forschung nach den Ursachen bestimmter Ereignisse keine neuen Erkenntnisse mehr bringen wird.

Letztlich kann man für den Umgang mit Fragen nach richtigen und falschen Handlungen und Entscheidungen bis zum Beweis des Gegenteils davon ausgehen, dass Menschen normalerweise in der Lage sind, sich frei zu entscheiden. Dennoch kann es auch nützlich sein, sich Argumente für den Kompatibilismus, für die These, dass das Kausalitätsprinzip und Willensfreiheit vereinbar seien, anzusehen.

Literaturtipps

William James, *The Dilemma of Determinism* (1884), in: William James, The Will to Believe, Cambridge 2014, 145–183.

Geert Keil, *Willensfreiheit und Determinismus*, Stuttgart [2]2018.

Determinismus mit Willensfreiheit? Leuchtet die Vereinbarkeitsthese ein?

Es gibt zahlreiche Varianten der Vereinbarkeitsthese, der Ansicht also, dass Determinismus und Willensfreiheit einander nicht ausschließen müssen. Es seien paradigmatisch zwei philosophiegeschichtlich wichtige Versionen angesprochen. Die eine Variante stammt von John Stuart Mill (*1806; †1873), der die Beweggründe eines Individuums zu den Antezedensdaten seiner Prognose über das künftige Verhalten eines Menschen, bis dahin, dass diese Antezedensdaten sich ändern, wenn ein neuer Wunsch hinzukommt. So kann er seine Form der philosophischen Notwendigkeit als vereinbar mit der Wahlfreiheit reklamieren, sogar als Bedingung für Rationalität und Berechenbarkeit annehmen. Ferner weist er darauf hin, dass man nach Vollbringen einer Handlung bei sich feststellen kann, dass man auch anders hätte handeln können, wenn man nämlich andere Einstellungen und Präferenzen gehabt hätte.[91]

---

91 John Stuart Mill, *A System of Logic*, 1843, deutsch: *System der Logik*, Leipzig 1886, Buch VI, Kap. II. § 2 Ges. Werke Bd. 4, 235; John Stuart Mill, *An Examination of Sir Hamilton's Philosophy*, 1865, Coll. Works IX, Chap. XXVI.

Das Problem dieser Argumentation liegt darin, dass sie beide Seiten so verharmlost, dass die Schwierigkeiten eher hinweggemogelt als gelöst werden. Für Deterministen im „strengen" Sinne können z. B. Meinungen „nichts Anderes" als Gehirnzustände sein, die natürlich Kausalgesetzen unterliegen. Für andere gilt Rede von Meinungen, Gefühlen, Wünschen, Beweggründen als Teil einer falschen Theorie, die durch ein neurobiologisches Vokabular zu ersetzen ist, ähnlich, wie die Rede von krankheitsverursachenden Dämonen durch die von Bakterien oder Viren etc. ersetzt wurde. Zugleich besagt die These von der Willensfreiheit im emphatischen Sinne ja gerade, dass man trotz aller Argumente noch so oder so entscheiden kann.

Immanuel Kant hingegen arbeitet mit seiner Rede von der Kausalität aus Freiheit die beiden Gegenpositionen scharf heraus und zielt dann auf eine Variante der Vereinbarkeitsthese. So jedenfalls könnte man seine Feststellung lesen, er habe nicht die Wirklichkeit der transzendentalen Freiheit beweisen wollen, da dies mit empirischen Mitteln nicht möglich sei, noch nicht einmal die Möglichkeit dieser Freiheit habe er beweisen wollen, sondern dass die dritte Antinomie, „auf einem bloßen Scheine beruhe, und dass Natur der Kausalität aus Freiheit wenigstens nicht widerstreite".[92]

Die dritte Antinomie ist durch die Thesis „Die Kausalität der Natur ist nicht die einzige, aus welcher die Erscheinungen der Welt insgesamt abgeleitet werden können. Es ist noch eine Kausalität durch Freiheit zu Erklärung derselben anzunehmen notwendig." und die Antithesis „Es ist keine Freiheit, sondern alles in der Welt geschieht lediglich nach Gesetzen der Natur." bestimmt.[93] Für beide Thesen gibt Kant zunächst einen Beweis, um ihre Notwendigkeit als theoretische Sätze zu zeigen. Gelöst wird die Sache letztlich durch die Unterscheidung eines empirischen Charakters eines jeden Menschen, „welcher nichts anders ist als eine gewisse Kausalität seiner Vernunft" und eines intelligiblen Charakters, in welchem die Vernunft „außerhalb der Zeitfolge" ihre kausale Wirksamkeit entwickelt.[94]

Ob man diese Argumentation überzeugend findet, hängt wesentlich davon ab, ob man die zweifache Sicht auf den Menschen akzeptiert. Man kann sich dies in stark vereinfachter Form durch das Bild eines Computers veranschaulichen, dessen „Verhalten" auch bei vollständiger Kenntnis der

---

92 Immanuel Kant, *Kritik der reinen Vernunft*, 2. Auflage, B 586, Akad. Ausgabe III 377.
93 Ebd. B471-479, Akad. Ausgabe III 307–313.
94 Ebd. B577-586, Akad. Ausgabe III 372–377.

physikalischen und elektrotechnischen Parameter nicht ohne Weiteres vorhersagbar ist, solange man das Programm nicht kennt.

Welche Rolle spielt die Rede von der Tugend in moralischen Kontexten?

Die Wertschätzung dessen, was man zu verschiedenen Zeiten mit dem Wort „Tugend" verband, änderte sich hin und wieder. Über lange Zeit war Tugend der Inbegriff des moralisch Guten oder jedenfalls seiner Realisierung im menschlichen Verhalten. Die platonischen Frühdialoge drehen sich immer wieder um die Frage, was eine bestimmte Tugend sei (Tapferkeit – Laches, Frömmigkeit – Eutyphron, Besonnenheit – Charmides, Gerechtigkeit – Politeia), was bei Platon jeweils zu der Frage führt, was *die* Tugend ist. Im Dialog Protagoras geht es dann darum, ob Tugend lehrbar sei. Die aristotelischen Reflexionen über den Begriff der Tugend oder bestimmter Tugenden werden angesichts ihrer enormen und dauerhaften Wirkmächtigkeit im Folgenden kurz skizziert. Später, etwa in intellektuellen Kreisen des 19. und 20. Jahrhunderts, stand „Tugend" für den Inbegriff „verstaubter", d. h. schematischer, fehlerhafter, rigider und heuchlerischer Moralvorstellungen. „Tugendwächter" waren und sind – häufig fanatische – Vertreter:innen reaktionärer Repression. Doch rückt in der philosophischen Diskussion seit einiger Zeit die Tugendethik wieder ins Zentrum des Interesses, man spricht mitunter von „Neo-Aristotelismus", der die für lange Zeit dominierende Prinzipien- oder Normenethik kritisiert und z.T. zurückdrängt. Häufig geht die Tugendethik mit einem ethischen Partikularismus Hand in Hand, der ihre Fähigkeit, die Einzelsituation und das in ihr gebotene, weil tugendhafte Verhalten zu erfassen, gegenüber einer auf generellen Normen basierenden Ethik betont. Daraus folgt jedoch nicht, dass Tugend stets in gleicher Weise verstanden würde.

Literaturtipps

Sarah Broadie, *Ethics with Aristotle*, Oxford 1991.
Klaus-Peter Rippe, Peter Schaber (Hg.), *Tugendethik*, Stuttgart 1998.
Onora O'Neill, *Tugend und Gerechtigkeit*, Berlin 1996.
Dagmar Borchers, *Die neue Tugendethik*, Paderborn 2001.
Martin Rhonheimer, *Die Perspektive der Moral. Philosophische Grundlagen der Tugendethik*, Berlin 2001.

Andrea Esser, *Eine Ethik für Endliche. Kants Tugendlehre in der Gegenwart*, Stuttgart 2004.
Howard Curzer, *Aristotle and the Virtues*, Oxford 2012.
Ursula Wolf, *Aristoteles' ‚Nikomachische Ethik'*, Darmstadt [3]2013.
Dorothea Frede, *Plato's Ethics: An Overview*, https://plato.stanford.edu/entries/plato-ethics/, abgerufen: 3.10.2023.

Wie lässt sich Tugend definieren?

Ein erster Versuch aus einem einschlägigen Werk wäre etwa:

> „Mit dem Begriff der Tugend werden bestimmte Eigenschaften ausgezeichnet, derentwegen ein Mensch gelobt wird, als moralisches Vorbild oder einfach als ein moralisch guter Mensch gilt."[95]

Nach dieser Sicht stellt die Tugendethik nicht die Handlung, sondern die Akteurin oder den Akteur in den Mittelpunkt.

Ein anderer Ansatz würde dies wohl nicht bestreiten, hebt aber einen weiteren Aspekt hervor:

> „Gemäß klassischem Verständnis kennzeichnen sittliche Tugenden jene Verfasstheit menschlicher Personen, bei welcher diesen, was in Wahrheit und vernünftigerweise gut ist, auch (subjektiv) als gut erscheint: Sittliche Tugenden sind also affektive Bedingung für die Vernünftigkeit von Handlungssubjekten."[96]

Über das Faktum hinaus, dass jemand in einer bestimmten Kultur als Vorbild gilt, wird hier eine Korrespondenz zwischen dem *in Wahrheit vernünftigerweise Guten* – also etwas „Objektivem" – und der affektiven Verhaltensweise tugendhafter menschlicher Personen unterstellt. Dies trifft für den Großteil der historischen Ansätze, „klassischerweise", sicher zu. Wie man es heute sehen kann, wird zu untersuchen sein. Im Artikel „Tugend" eines Lexikons der Ethik kommen weitere Aspekte hinzu:

> „T. als Disposition, das sittlich Gute zu tun, und zwar nicht zufällig, nicht aus bloßer Emotion, nicht traditionsgebunden, nicht aus Zwang, sondern aus Freiheit,

---

95 Klaus-Peter Rippe, Peter Schaber (Hg.), *Tugendethik*, Stuttgart 1998, 11.
96 Martin Rhonheimer, *Die Perspektive der Moral. Philosophische Grundlagen der Tugendethik*, Berlin 2001, 169.

> aber insofern mit einer gewissen Notwendigkeit, als die sittlich gebildete Persönlichkeit ihre Affekte soweit domestiziert hat, dass ihre affektiven Handlungen so ablaufen, als ob ihnen sittliche Überlegung zugrunde läge."[97]

Außer dem, was nicht die Tugend ausmacht, eben Bindung an Traditionen, an das, was „man" tut, oder ein Überschwang von Gefühlen, ist der Verweis auf die besondere Verbindung von Freiheit mit einer Formung der affektiven Sphäre von Bedeutung. Warum diese „Domestizierung" keine Dressur, auch keine Selbstdressur darstellt, wird vielleicht etwas klarer, wenn man sich die aristotelische Tugendkonzeption – auf welche die beiden letzten Definitionen weitgehend aufbauen – und ihre Erläuterungen etwas genauer ansieht. Die aristotelische Sicht der Tugend ist nicht zuletzt deshalb derart wichtig geworden, weil sie in der Rezeption und Bearbeitung durch Thomas von Aquin und andere für die christliche, aber auch die arabische Tradition des Mittelalters und der frühen Neuzeit zu einer Art Standard geworden ist, den auch die selbstverständlich kannten, die sich davon abwenden wollten.

Inwiefern ist Tugendethik heute relevant?

Die amerikanische Philosophin Martha Nussbaum hat vor einigen Jahren dargelegt, warum gerade die aristotelische Ethik eine Tugendlehre begründet, der man in einem gewissen Sinne auch universalistische, objektive Geltung zugestehen kann, während die meisten Vertreter:innen von Tugendethik eher relativistischen Sichtweisen zuneigen. Aristoteles, so Nussbaum, reagiert auf einige menschliche Grunderfahrungen wie die Furcht vor Tod und Schmerzen, körperliches Verlangen, Unstimmigkeiten bei der Verteilung von Ressourcen, die Möglichkeit, sich an der Planung und Gestaltung des eigenen Lebens zu beteiligen und andere, wie den Umgang mit dem eigenen Besitz, das Verhalten bei Geselligkeit, die Einstellung gegenüber dem eigenen Wert. Viele, vielleicht sogar die meisten Menschen lernen, dass sie sich da irgendwie verhalten müssen, und wollen es gerne richtig machen. Deshalb wird die „schwache oder ‚nominale' Definition der Tugend … in jedem Fall die folgende sein: die Bereitschaft, in diesem Bereich richtig zu entscheiden und zu handeln, worin dies auch bestehen mag."[98]

---

97 Maximilian Forschner in Otfried Höffe (Hg.), *Lexikon der Ethik*, 2008.

98 Martha Nussbaum, *Nicht-relative Tugenden. Ein aristotelischer Ansatz*, in: dies. Gerechtigkeit oder Das gute Leben. Gender Studies, Frankfurt/M. 1999, 227–264, 234.

Sie gesteht gegenüber möglichen Einwänden durchaus zu, dass es nicht die *eine* richtige Antwort auf die Fragen nach dem richtigen Umgang mit den genannten und anderen Grunderfahrungen gibt, dass bereits der sprachliche und der sozial anerkannte Umgang mit diesen Bereichen kulturell sehr verschieden geformt sein kann und dass manche Fragen durch bestimmte, z. B. kapitalistische Gesellschaftsstrukturen zumindest mitbedingt sind. Doch lassen sich die möglichen Antworten auf die verschiedenen Herausforderungen vergleichen und teilweise als konkurrierende oder ergänzende Lösungen verstehen. Die Sensibilität gegenüber den vielfältigen Kontexten und die Bemühung um eine richtige Entscheidung schließen sich in dieser Sicht keineswegs aus.[99] Die Ansätze mögen zudem sehr verschieden sein, und es gibt zugegeben keine Objektivität im Sinne einer neutralen, kulturinvarianten Beschreibung der Wirklichkeit. Doch folgt daraus keine wechselseitige Unverstehbarkeit und ebenso wenig die Gleichwertigkeit aller Weltinterpretationen. Nussbaum vertritt eine ähnliche Auffassung, wie sie hier in Bezug auf die interkulturelle Verstehbarkeit und die offene Rationalität angenommen wurde.

Vor diesem Hintergrund und angesichts der angesprochenen Wirkmächtigkeit erscheint es hilfreich, das aristotelische Vorgehen kurz zu betrachten. Dabei ist außer der für uns teilweise fremden, teilweise vertrauten Terminologie die systematische Struktur dieser Ethikkonzeption zumindest nachdenkenswert. Es wird auch zu zeigen sein, wie Martha Nussbaum auf einige der Kritikpunkte an der Tugendethik reagiert.

Wie konzipiert die aristotelische Tradition den Tugendbegriff?

Tugend ist im aristotelischen Sinn nicht automatisch eine moralische Tugend, das Wort arethê, lat. virtus, wird häufig daher mit „Tüchtigkeit“ oder „Trefflichkeit“, im englischen mit *excellence* oder *goodness* übersetzt, als „die Vollkommenheit eines operativen Vermögens..., ein auf den guten Aktvollzug eines Vermögens gerichteter Habitus: ein habitus operativus bonus“ charakterisiert.[100]

99 Ebd. 249.

100 Rhonheimer 173; Martha C. Nussbaum, *The Fragility of Goodness. Luck and Ethics in Greek Tragedy and Philosophy*, Cambridge ²2001.

Um welche Fähigkeiten geht es in der Ethik?

Hier muss man sich zunächst kurz die aristotelische Seelenlehre vergegenwärtigen, bei der die Seele als belebendes Prinzip gedeutet wird. Diese besteht in für uns suggestiver latinisierter Fassung aus einer nährenden Seele – *anima vegetativa*, die schlicht als nährendes Element zu verstehen ist, einer empfindungsfähigen Seele, *anima sensitiva*, von der wir größere Teile mit den Tieren gemeinsam haben, Teile derselben sind auch der rationalen Beeinflussung zugänglich, und einer vernünftigen Seele, *anima intellectiva*, die in mittelalterlichem Verständnis als einzige nach dem Tode des Menschen weiterlebt.

Entsprechend unterscheidet man in der aristotelischen Tradition dianoetische oder intellektuelle Tugenden (Weisheit, Klugheit) von sittlichen oder ethischen Tugenden (Besonnenheit, Tapferkeit).

Welche Tugenden gibt es und welche davon sind besonders wichtig?

Es gibt eine speziellere Verwendung der Rede von Tugend, wenn man jemandem z. B. die Tugend der Freigiebigkeit oder der Milde oder der Treue oder des Fleißes oder der Gottesfurcht zuspricht und damit sagen will, dass diese Person ein irgendwie lobenswertes Verhalten an den Tag legt.

> Besondere Bedeutung besitzen die vier sogenannten Kardinaltugenden Klugheit, Gerechtigkeit, Tapferkeit, Besonnenheit, im Christentum kommen noch Glaube, Liebe und Hoffnung hinzu.

Das Wort „Kardinaltugend“ stammt vom lateinischen *cardo*: Türangel, Hauptpunkt, Angelpunkt. Diese Systematisierung ist allerdings nicht aristotelischen, sondern platonischen und vor allem stoischen Ursprungs, klassisch ist inzwischen die Darstellung bei Thomas von Aquin.[101] Ihre Sonderrolle hat einen doppelten Ursprung: Einerseits decken sie angeblich das gesamte Feld moralischer Tugend ab, andererseits stellen sie bereits eine Spezifizierung der Tugend, etwa bezogen auf die einzelnen Seelenfähigkeiten der Menschen dar, sie sind Unterarten, aber auch integrative Teile

101 Diogenes Laertios VII über den Stoiker Zenon; Thomas von Aquin, ST Ia IIae qu. 61 (art. 3).

der Tugend als Ganzer. Thomas von Aquin liefert mit seiner Lehre der Kardinaltugenden eine Verbindung aristotelischer und platonischer bzw. stoischer Motive.

Sind die sieben Todsünden mit den Kardinaltugenden verbunden?

Nicht in Herkunft und Inhalt: Die sieben Todsünden – Superbia (Hochmut, Eitelkeit), Avaritia (Geiz, Habgier), Luxuria (Wollust, Ausschweifung), Ira (Zorn, Rachsucht), Gula (Völlerei), Invidia (Neid, Eifersucht), Acedia (Faulheit, Feigheit, Trägheit) – entstammen der Mönchstradition des fünften und sechsten Jahrhunderts. Sie sind nicht einfach als Gegensatz zu den Kardinaltugenden konzipiert, werden allerdings in manchen Kirchen ihnen in Symbolen gegenübergestellt.

Was kennzeichnet die ethischen Tugenden?

Die sittliche Tugend besteht in vielen Fällen darin, dass tugendhafte Menschen zwischen zwei Extremen die angemessene Mitte einzuhalten vermögen. Tapferkeit ist etwa die rechte Mitte zwischen Feigheit und leichtsinniger Tollkühnheit, Großzügigkeit die Mitte zwischen Geiz und Verschwendung. Bei tugendhaften Menschen wird die affektive Sphäre, die Sphäre des Strebens aus dem sinnlichen Seelenteil, der *anima sensitiva*, nicht etwa von der Vernunft in despotischer Weise wie eine Sklavin beherrscht, sondern politisch wie ein Mitglied der Gemeinschaft der Freien und Gleichen oder allenfalls königlich, also zu ihrem eigenen Wohl, regiert. Die sinnlichen Antriebe haben Teil an der Vernunft, das Streben der Sinne selbst wird wiederum ein „von Vernunft durchformtes Prinzip menschlichen Handelns“[102]. Sittliche Tugend ist „ein Habitus des Wählens, der die in Bezug auf uns bemessene Mitte hält, gemäß der Bestimmung durch die Vernunft, und zwar so, wie ein kluger Mann sie zu bestimmen pflegt.“[103] Die intellektuelle, vernunftgemäße Seite sollte also nicht vergessen werden, wenn Aristoteles die Tugend als ein Mittleres definiert, womit natürlich nicht das Mittelmaß,

102 Rhonheimer, 174, Thomas von Aquin, ST IaIIae qu. 58 (art. 2.).
103 Aristoteles, *Nikomachische Ethik* II.6, 1106b 36 – 1107a 2, übersetzt: Rhonheimer, 177.

sondern die vernünftige Einschätzung in Bezug auf die konkrete Situation gemeint ist.

Welche Rolle spielen dianoetische Tugenden in der Ethik?

Die für den moralischen Kontext wichtige dianoetische, intellektuelle Tugend ist die Klugheit, die „rechte Vernunft dessen, was zu tun ist“ (recta ratio agibilium). Sie ist der „Habitus des richtigen oder guten Handlungsurteils“[104] und unterscheidet sich von Einzelfertigkeiten wie etwa die von Börsenanalyst:innen und Weinfachleuten durch ihre Ausrichtung auf jene Ziele, die für das Leben als Ganzes, als Leben eines Menschen in seiner Umgebung gerichtet sind. Sie stellt nicht etwa eine Ergänzung der Charaktertugenden dar, sondern ist vielmehr letztlich deren Bedingung, damit die diversen menschlichen Fähigkeiten in moralisch richtiger Weise eingesetzt werden.

> Anders als bei Kant ist Klugheit in der aristotelischen Tradition nicht nur als Wissen um den langfristigen Nutzen, sondern stets auch moralisch zu verstehen.

Wie steht es mit der Tugend der Gerechtigkeit?

Aristoteles definiert die Tugend der Gerechtigkeit als Grundhaltung (griech. *hexis*), „von der her die Menschen die Fähigkeit haben, gerechte Handlungen zu vollziehen, von der aus sie tatsächlich gerecht handeln und ein festes Verlangen nach der Gerechtigkeit haben“ (Nikomachische Ethik V 3, 1129a). Die Tugend der Gerechtigkeit hat demnach von beiden Tugendarten etwas, da zwar nicht die rechte Mitte zwischen zwei Extremen gesucht wird, aber sehr wohl eine auch emotional gestützte Haltung dazugehört. Zugleich werden rationale Kriterien genannt, wie Gerechtigkeit ausgeübt werden kann. Dies ist zunächst die Gesetzestreue, die freilich durch den Gedanken der Billigkeit ergänzt wird, wenn sich die Gesetze im konkreten Fall als unangemessen erweisen (NE V 11).

---

104 Rhonheimer, 199.

Ferner unterscheidet Aristoteles kommutative oder Tauschgerechtigkeit, die in „freiwilliger" Form etwa im Handel auftrete, in „unfreiwilliger" bei der Strafe, von distributiver oder Verteilungsgerechtigkeit, wenn Güter nach bestimmten Kriterien verteilt werden sollen, sei es gemäß dem Verdienst, gemäß der Bedürftigkeit oder Vergleichbarem. Formale Gerechtigkeit besteht hier, aber auch etwa im Politischen darin, Gleiches gleich und Ungleiches ungleich zu behandeln.

Umstritten ist dabei, welche Gleichheit und welche Ungleichheit von Bedeutung ist. Politische Positionen unterscheiden sich auch im Hinblick darauf, ob der Umstand, dass alle Menschen im Prinzip verletzlich und zumindest zeitweilig in ihrem Leben auch hilfebedürftig sind, die entscheidende Rolle spielt oder eher die offenbar unterschiedliche Durchsetzungsfähigkeit in ökonomischen und anderen Bereichen.

Welches sind die Probleme dieser Konzeption?

Die Rede vom Habitus des Wählens deutet auf einen ambivalenten Charakter dieser Tugendkonzeption: Zwar zeigt der Aspekt des Wählens, dass keineswegs aus bloßer Macht der Gewohnheit gehandelt wird. Doch stabilisiert oder verändert jede neue Handlung einen Habitus und eine bestimmte Haltung unseres Charakters. Zudem sind die bereits tugendhaft Geformten eher zur Erkenntnis des richtigerweise zu Wählenden fähig, so die angesprochenen klugen Menschen. Diese wechselseitige, ja zirkelhafte Stabilisierung von Urteilsvermögen und Tugend gilt als eines der Probleme der aristotelischen Ethik.[105] Der Erwerb des Urteilsvermögens ist erklärtermaßen verbunden mit einer entsprechenden Erziehung in einer angemessenen Umgebung. Die dabei erlernten Ansichten über das Gute, Nützliche und Gerechte sind entsprechend gebunden an die Wertpräferenzen einer bestimmten Gesellschaft, die möglicherweise mit den Ansichten von Menschen in Konflikt geraten, die einem anderen Erfahrungshintergrund entstammen. Menschen, die zu einer anderen Kultur oder auch nur einer anderen gesellschaftlichen Schicht gehören, können in konkreten Fällen, aber auch hinsichtlich allgemeiner Überlegungen andere Urteile für richtig

105 vgl. z. B. Matthias Lutz-Bachmann, *Ethik*, 62f.; Christoph Horn, *Einführung in die Moralphilosophie*, 255ff.

und vernünftig halten. Diese Bindung der Tugendethik an die konkrete Umgebung und deren Sicht der Welt kann zu einer weiteren Schwäche dieser Konzeption werden. Weil man sich etwa vor dem Hintergrund konfessioneller Differenzen, die bis zu grausamen Glaubenskriegen geführt hatten, nicht mehr ohne Weiteres darauf einigen konnte, was vernünftige Menschen denken, suchte man ab dem späten 17. Jahrhundert nach einem für Alle einsichtigen, universellen letzten Prinzip aller Sittlichkeit (vgl. unten IV). Diese Probleme wurden durchaus auch von Autorinnen und Autoren wahrgenommen, die der Tugendethik nahestehen. Die Bemühung, sich aus der Bindung an eine zufällige Umgebung zu lösen, führt manche davon nach ausführlicher Diskussion in etwa zu dem, was ich im Anschluss an Rawls als „Überlegungsgleichgewicht" bezeichnet hatte.

Wie kann man diese Probleme umgehen?

Martha Nussbaum tritt vor allem der Ansicht entgegen, Tugendethik sei notwendig kulturrelativ. Dazu greift sie auf ihren stark an Aristoteles orientierten capability *approach* zurück, die Annahme, dass es eine Anzahl von Eigenschaften und Fähigkeiten gibt, welche die meisten Menschen gemeinsam haben und die man sowohl berücksichtigen muss, wenn man sich als Individuum gegenüber den Herausforderungen der Lebensgestaltung richtig, eben „tugendhaft" verhalten will, als auch, wenn es eine politische Ordnung zu gestalten gilt.

Sie nennt Sterblichkeit, körperliche Grundbedürfnisse wie Hunger und Durst, Schutz, sexuelles Verlangen, Mobilität, ferner Empfindungen wie Freude und Schmerz, Wahrnehmung und die besondere Schutzbedürftigkeit in der frühkindlichen Phase. Hinzu kommen die Sozialität und die praktische Vernunft, die Fähigkeit gemeinsam über Gerechtes und Ungerechtes, Nützliches und Schädliches zu reflektieren. Sie gibt zunächst also insgesamt in etwa die aristotelische Definition des Menschen wieder.

Nussbaum fügt noch die Fähigkeit zu Humor und Spiel hinzu und gelangt somit zu einer traditionellen Beschreibung menschlicher Eigenschaften, von denen wir manche mit den Tieren teilen, während uns andere von denselben unterscheiden. Zwei weitere Eigenschaften erscheinen weniger typisch für die aristotelische Tradition, sind evtl. auf Nussbaums intensive Beschäftigung mit der griechischen Tragödie zurückzuführen und haben heute einen beinahe existenzialistischen Klang. Diese sind das *Getrenntsein*, da trotz aller Gemeinschaft mit Anderen der Mensch am Ende nur einer bleibt und von der Geburt bis zum Tode eine unabhängige Existenz in der Welt zu führen hat, und das *starke Getrenntsein*: Infolge des Getrenntseins der menschlichen Leben hat eine Jede und ein Jeder die eigene besondere Umgebung, die persönlichen Gegenstände, Erlebnisse, Freundschaften, sexuellen Bindungen, die von allen anderen verschieden sind und eng mit der individuellen Identität verbunden sind.[106]

Wenn dies berücksichtigt wird, engt sich die Variation möglicher Formen vorbildlichen Verhaltens deutlich ein, unabhängig davon, dass archaische Tugendvorstellungen ihrerseits diesem Anspruch keineswegs immer genügten und genügen.

Ist Tugend eine Last oder gehört sie zum geglückten Leben?

Wichtig ist in dieser aristotelischen Tradition also gerade das Zusammenwirken von Vernunft und Affekt, das sich insbesondere dadurch bemerkbar macht, dass man das sittlich Gute gerne tut. Für Aristoteles „ist der nicht wahrhaft tugendhaft, der an sittlich guten Handlungen keine Freude hat, und niemand wird einen Mann gerecht nennen, wenn er an gerechten, oder freigiebig, wenn er an freigiebigen Handlungen keine Freude hat."[107]

Aristoteles geht noch weiter, insofern die *eudaimonia*, das geglückte Leben, das höchste Ziel allen Strebens für ihn bestimmt ist als „Tätigsein der Seele gemäß der Tugend und das ein ganzes Leben lang".[108] Gleichwohl ist die vollkommene Glückseligkeit, wie bereits erwähnt, bei ihm nicht bereits durch die Tugend gegeben, sondern vielmehr auch an äußere Glücksgüter gebunden. Wer immer nur Pech hat, oder auch in einem entscheidenden Moment großes Unglück erlebt, wie es zum Beispiel dem trojanischen König Priamos widerfuhr, den kann man bewundern und loben, aber nicht für vollkommen glücklich erklären. Nussbaum betitelte eines ihrer Hauptwerke *The Fragility of Goodness.*[109]

---

106 Martha C. Nussbaum, *Gerechtigkeit oder Das gute Leben*, 49–59, 257–262.

107 Aristoteles, *Nikomachische Ethik* I 9, 1099a 17–20, übersetzt: Olof Gigon.

108 Aristoteles, *Nikomachische Ethik* I.6, 1098a.

109 Aristoteles, *Nikomachische Ethik* I.11, 1101a; Martha C. Nussbaum, *The Fragility of Goodness. Luck and Ethics in Greek Tragedy and Philosophy*, Cambridge ²2001.

Der Unterschied zu späteren Ethik-Konzeptionen, für die allein Handlungen im eigentlichen Sinne moralisch zu nennen sind, die „aus Pflicht" geschehen, wie es bei Kant heißt, springt ins Auge. Noch zweitausend Jahre nach Aristoteles ist für David Hume „die Pflicht" hingegen etwas, das lediglich Menschen mit unterentwickelter moralischer Struktur Hilfestellung leistet.

4 Die universellen Prinzipien und Kriterien für die moralische Richtigkeit von Handlungen

Das vorliegende Kapitel präsentiert unter anderem die Ethikkonzeption Kants, seinen kategorischen Imperativ und Argumente, weshalb dieser für uns gelten sollte. Außerdem lernen Sie den Utilitarismus und seine Spielarten kennen und werden über die wichtigsten Kritikpunkte, mit denen er sich herkömmlicherweise konfrontiert sieht, informiert. Ferner werden neuere Varianten universalistischer Ethik diskutiert, etwa *Rawls*' kontraktualistische Theorie der Gerechtigkeit und die Diskursethik.

Brauchen wir universelle Prinzipien als Kriterien für die moralische Richtigkeit von Handlungen? Wenn ja, welche?

Irgendeine Variante der Rücksichtnahme, der Gegenseitigkeit und der Unparteilichkeit als Kriterium für moralische Richtigkeit muss in jeder Form von Moral enthalten sein, damit diese ihre soziale Ordnungsfunktion erfüllen kann. Die unterschiedlichen Moralordnungen unterscheiden sich in Bezug darauf, gegenüber wem sie eine Rücksichtnahme einfordern, wer gegenüber wem zur Wechselseitigkeit verpflichtet ist und zwischen welchen Personen Gleichheit in der Erwartung unparteilicher Urteile besteht. Lange Zeit konnten etwa versklavte Menschen nicht auf Rücksichtnahme hoffen, galten erst recht nicht als Gleiche, zudem glaubte man, Aufrichtigkeit nur den Mitgliedern der eigenen Religionsgemeinschaft oder der eigenen Nation, des eigenen Stammes etc. zu schulden. Immer wieder wurden jedoch die Gründe, aus denen Menschen von der moralischen Berücksichtigung ausgeschlossen wurden, in Zweifel gezogen, der Gedanke der Rechtsgleichheit gewann in der Neuzeit zunehmend an Bedeutung. Spätestens seit der Aufklärungszeit wurde zusätzlich das Element der Universalisierbarkeit fundamental relevant, u. a. weil, wie im ersten Kapitel erwähnt, die bis dato üblichen Ausschlusskriterien aus der moralischen und rechtlichen Berücksichtigungsfähigkeit sich mehr und mehr als unhaltbar erwiesen und die Menschen als prima facie Gleiche angesehen wurden. Dies bedeutet natürlich nicht, dass das Prinzip der unparteilichen Gleichbehandlung überall umgesetzt worden sei, es wird noch nicht einmal heute überall und von allen anerkannt. Doch kann es inzwischen als die weitestgehend anerkannte Grundlage der moralischen Beurteilung menschlicher Handlungen, sozialer Strukturen etc. gelten

Allerdings gab und gibt es immer wieder neue Versuche, die auf Unparteilichkeit und Universalisierbarkeit hin angelegten moralischen Intuitionen in adäquater Weise zu formulieren und zu präzisieren, von denen nun einige vorgestellt seien. Zunächst wird der Weg hin zu den „klassischen" Formulierungen universalistischer Moralität aus dem 18. Jahrhundert kurz skizziert.

Wie entstanden die klassischen Formulierungen des moralischen Universalismus?

Es gibt wohl nicht die eine und einzige Wurzel universalistischen Denkens, zumal manche Religionen, etwa das Christentum, der Islam und der Buddhismus, ihrerseits einen Universalitätsanspruch stellen, allerdings nicht durchsetzen konnten. In Europa bekommt sowohl durch den Kontakt mit außereuropäischen Kulturen als auch in Reaktion auf die blutigen Religionskriege des 16. und 17. Jahrhunderts das Naturrecht eine wichtige Rolle zugewiesen. Gegen Ende des siebzehnten Jahrhunderts intensiviert sich die Diskussion um die Frage, wie sich das Naturrecht am besten begrifflich auf eine knappe, einfache und dennoch nicht inhaltsleere Formel bringen lasse. Da Gott unbestritten der Schöpfer, das *principium essendi* des Naturrechts war, galt die Suche einem Weg zur Erkenntnis desselben, einem *principium cognoscendi* für uns Menschen. Der u. a. in Rostock lehrende Johann Balthasar Wernher (*1677; †1743) stellte die doppelte Forderung auf, ein solches Prinzip müsse als Obersatz für einen Schluss zur Begründung konkreter moralischer Forderungen taugen und zudem so einfach sein, dass auch die Menschen auf der Straße ihre konkreten moralischen Probleme subsumieren könnten.[110]

Es entstand eine Reihe von Vorschlägen, die sich noch heute der Bekanntheit und Beliebtheit erfreuen. Relativ früh (1700) entstand ein Vorschlag, der besagt: „Der höchsten Vernunft gemäß ist es, so zu handeln, dass das höchstmögliche Maß des Guten – und dies für so viele wie möglich – erreicht und soviel Glück verbreitet wird, wie die Natur der Dinge es zulässt."[111] Autor dieses lange Zeit Jeremy Bentham (*1748; †1832) und später Francis Hutcheson zugeschriebenen „utilitaristischen" Grundsatzes, wonach das größte Glück der größten Zahl anzustreben sei, ist Gottfried Wilhelm Leibniz (*1646; †1716).

---

110 Joachim Hruschka, *Die Konkurrenz von Goldener Regel und Prinzip der Verallgemeinerung in der juristischen Diskussion des 17./18. Jahrhunderts als geschichtliche Wurzel von Kants kategorischem Imperativ*, in: Juristen Zeitung 1987, 941–952, ders., *The Greatest Happiness Principle and Other Early German Anticipations of Utilitarian Theory*, in: Utilitas 3 1991, 165ff., ders., *Universalization and Related Principles*, in: Archiv für Rechts- und Sozialphilosophie 1992K., 289ff.

111 Gottfried Wilhelm Leibniz, *Observationes de Principio Juris*, in: Sämtliche Schriften, Vierte Reihe, Achter Band 1699–1700, Berlin/Boston 2015, 85–94, 91: Supremae … rationis est id agere, ut boni quantum plurimum potest, et in quam plurimis obtineatur, et tantum diffundatur felicitas, quantum ratio rerum ferre potest.

Ein zweiter Weg hin zu einem Grundprinzip des Naturrechts war der Verweis auf die Goldene Regel, in ihrer positiven („Was du willst, dass dir getan werde...") wie ihrer negativen Formulierung („Was du nicht willst, dass man dir tu'..."). Sie besitzt den Vorteil einer Verwurzelung in der Bibel (Matthäus 7, 12), was ihr zusätzliche Autorität verlieh, geriet als allgemeines Prinzip jedoch in Zweifel: Jemand mag mit einem Partnertausch durchaus einverstanden sein, weil er oder sie den Partner eines oder einer anderen begehrt, ohne dass dies nach damaligen Grundsätzen moralisch unbedenklich gewesen wäre.[112]

Der genannte Joachim Balthasar Wernher formuliert 1704 in seinen *Elementa Iuris naturae et Gentium* den Grundsatz, wonach das, dessen allgemeine Unterlassung zum Untergang der Menschheit führen würde, vom Naturrecht geboten und das, dessen allgemeine Durchführung zum Untergang der Menschheit führte, vom Naturrecht verboten ist. Dagegen wandte man ein, demnach müsse die Landwirtschaft zugleich geboten und verboten sein, da sowohl das allgemeine Betreiben wie das allgemeine Unterlassen der Landwirtschaft verderblich für das Menschengeschlecht wären.[113]

Elemente dieser Prinzipien fanden Eingang in Kants erste Formulierung des kategorischen Imperativs: „Handle nur nach derjenigen Maxime, durch die du zugleich wollen kannst, dass sie ein allgemeines Gesetz werde". Auch Kants dritte Formulierung des kategorischen Imperativs, man solle so handeln, dass man die Menschheit in der eigenen wie in anderen Personen niemals bloß als Mittel, sondern stets auch als Zweck an sich selbst brauche, hat ihren Vorläufer in der Naturrechtslehre des 18. Jahrhunderts, nämlich bei dem Leipziger Juristen und Rechtsphilosophen August Friedrich Müller (*1684; †1761).[114] Dies illustriert die enorme intellektuelle Bedeutung des Vernunftrechtes jener Zeit für die spätere moralphilosophische Entwicklung.

---

112 Christian Thomasius, *Fundamenta iuris naturae et gentium*, Lib. I Cap. IV §§40ff., 177 Halle 41718, 2. Neudr., Aalen 1979.

113 Hruschka, 1987, 944f.

114 Joachim Hruschka, *Die Person als Zweck an sich selbst*, in: JZ 45, 1990, 1–15.

Ein Klassiker: Wie lässt sich Kants[115] Ethik charakterisieren?

Immanuel Kants Ethikentwurf kann sicher als eine der wichtigsten Varianten universalistischer Ethik angesehen werden, für manche Philosoph:innen ist es die wichtigste Variante oder sogar die wichtigste Ethikkonzeption überhaupt. Ihr Einfluss – auch über den Bereich der Philosophie hinaus, etwa in der Jurisprudenz – kann kaum zu hoch eingeschätzt werden. Auch deshalb ist es wichtig, sich mit den zentralen Elementen dieser Konzeption wenigstens skizzenartig zu befassen. Die drei wichtigsten ethischen Schriften Kants sind die „Grundlegung zur Metaphysik der Sitten" aus dem Jahr 1785/86, die „Kritik der praktischen Vernunft" von 1788 und die „Metaphysik der Sitten", darin insbesondere die Tugendlehre, publiziert 1797.

Literaturtipps

Immanuel Kant, *Grundlegung zur Metaphysik der Sitten*, Akad. Ausgabe Bd. IV.
ders., *Kritik der praktischen Vernunft*, Akad. Ausgabe Bd. V.
ders., *Metaphysik der Sitten*, Akad. Ausgabe Bd. VI.

Neuere Literatur

Christine Korsgaard, *Creating the Kingdom of Ends*, Cambridge 1996.
Otfried Höffe, *Kants Kritik der praktischen Vernunft*, München 2012.
Steffi Schadow, *Achtung für das Gesetz: Moral und Motivation bei Kant*, Berlin/Boston 2013.
Ingo Marthaler, *Bewusstes Leben: Moral und Glück bei Immanuel Kant*, Berlin/Boston 2014.
Tim Henning, *Kants Ethik, eine Einführung*, Ditzingen 2016.
Heiner F. Klemme, *Kants „Grundlegung der Metaphysik der Sitten", Ein systematischer Kommentar*, Ditzingen 2017.
Paul Guyer, *Kant on the rationality of morality*, Cambridge 2019.

115 Kants Werke gibt es, wie diejenigen sämtlicher Klassiker, in vielen Ausgaben. Eine Standardfunktion besitzt die seit 1900 zunächst von der Preußischen Akademie der Wissenschaften herausgegebene, bis heute weitergeführte Edition „Kants gesammelte Schriften", auf die auch hier Bezug genommen wird. Von den vielen tausend Werken über Kant findet sich im Anschluss eine kleine Auswahl.

Bernd Ludwig, *Aufklärung über die Sittlichkeit: zu Kants Grundlegung einer Metaphysik der Sitten*, Frankfurt/M. 2020.
Maximilian Forschner, *Praktische Philosophie bei Kant: Metaphysik und moralisches Selbstverständnis*, Darmstadt 2022.
Samuel Hollander, *Immanuel Kant and utilitarian ethics*, London 2022.
Kate A. Moran, *Kant's ethics*, Cambridge 2022.

Welches sind die zentralen Begriffe für Kants Ethik?

> „Es ist überall nichts in der Welt, ja überhaupt auch außer derselben zu denken möglich, was ohne Einschränkung für gut könnte gehalten werden, als allein ein guter Wille".[116]

So beginnt der erste Abschnitt der „Grundlegung zur Metaphysik der Sitten". Wir alle wissen, dass der Besitz äußerer Güter wie Macht und Reichtum erfreulich sein mag, in gewissem Sinn als „gut" angesehen wird, dass sie jedoch leicht zu bösen Zwecken verwendet werden können und oft auch werden. Kant weist nun darauf hin, dass dies trotz aller Vorzüge auch für die begrüßenswerten, eben *guten* Eigenschaften des Geistes (Verstand, Witz, Urteilskraft) und des Temperaments (Mut, Beharrlichkeit) gilt, die ebenfalls im Bösen, zu verbrecherischen Zwecken eingesetzt werden können und werden. Selbst die traditionelle Kardinaltugend der Besonnenheit kann zum „kalten Blut des Bösewichts" werden.[117] Hingegen wäre die Behauptung, dass ein guter Wille gleichzeitig böse sein kann, in sich widersprüchlich. Dafür ist freilich eine Präzisierung erforderlich: Der Erfolg einer Handlung ist nicht entscheidend für ihre moralische Beurteilung. Der gute Wille wird nicht durch das, „was er bewirkt ..., sondern allein durch das Wollen, d. i. an sich gut". Allerdings kann sich niemand damit entschuldigen, nicht die erforderlichen Mittel zum richtigen Handeln zu haben, etwa „durch kärgliche Ausstattung einer stiefmütterlichen Natur" der Fähigkeit zu gutem Tun zu entbehren. Kant tritt einem später häufig geäußerten Missverständnis sofort entgegen:

116 Immanuel Kant, *Grundlegung zur Metaphysik der Sitten*, Akad. Ausgabe Bd. IV, 393.
117 Ebd. 394.

Als guter Wille zählt nicht ein bloßer Wunsch, sondern nur „die Aufbietung aller Mittel, soweit sie in unserer Gewalt sind“.[118]

Eine weitere Besonderheit in Kants Ethik besteht darin, dass sich ausgerechnet mittels des Begriffs der Pflicht am besten bestimmen lasse, was mit einem guten Willen gemeint ist:

Eine Handlung ist moralisch gut, wenn sie nicht nur pflichtgemäß ist, nicht nur mit dem Sittengesetz übereinstimmt, sondern **aus Pflicht** geschieht, also wenn das formelle Prinzip den Willen bestimmt und die Vernunft die Handelnde dazu bewegt, dem Sittengesetz zu folgen. Was meint Kant mit Pflicht?

„Pflicht ist die Notwendigkeit einer Handlung aus Achtung fürs Gesetz.“[119]

Die Achtung vor dem von der Vernunft selbstgegebenen Gesetz wird zum entscheidenden Merkmal moralisch richtiger Handlungen, nicht etwa andere „Triebfedern“, weder die Furcht vor Strafe noch Menschenliebe, Suche nach Glück oder ähnliche „Neigungen“. Achtung wiederum ist zwar gleichfalls ein Gefühl, aber „kein empfangenes, sondern durch einen Vernunftbegriff selbstgewirktes Gefühl“, das nicht auf Furcht oder Neigung rückführbar ist.[120]

Man kann als Hauptgegenstand der Grundlegungsschrift das Bemühen ansehen, die begrifflichen Verbindungen zwischen Pflicht, Willen und dem Sittengesetz zu bestimmen. Dabei wird der Begriff der Autonomie im Sinne der Selbstgesetzgebung entscheidend, durch welche das Sittengesetz für uns verbindlich wird.

118 Ebd.
119 Ebd. 400.
120 Ebd. 401.

Warum ist die Form des Willens entscheidend, nicht die Materie?

In der sog. Analytik der *Kritik der praktischen Vernunft* formuliert Kant den eben vorgestellten Grundsatz in etwas anderem, abstrakterem Vokabular: Der Wille kann nicht durch das gewollte Objekt, durch seine *Materie* gut werden, sondern allein dadurch, dass der *Form* nach ein praktisches, d. h. ein moralisches Gesetz den Bestimmungsgrund des Willens bildet.[121] Praktische Gesetze sind eine besondere Klasse der praktischen Grundsätze.

> Praktische Grundsätze können entweder subjektiv, d. h. *Maximen* sein, wenn sie als nur für den Willen des jeweils handelnden Subjekts gültig angesehen werden, oder aber objektiv, **als für den Willen jedes vernünftigen Wesens gültig** erkannt sein. Im letzteren Fall handelt es sich um praktische *Gesetze.*[122]

Da die *materialen* praktischen Prinzipien, die Inhalte, nach denen, wir streben, die wir begehren können, „alle unter das allgemeine Prinzip der Selbstliebe, oder eigenen Glückseligkeit“ gehören, eignen sie sich nicht als praktische Gesetze, da diese ja in gleicher Weise für alle vernünftigen Wesen gelten, die ihre Glückseligkeit je verschieden verstehen.[123] „Also kann ein vernünftiges Wesen sich seine subjektiv-praktische Prinzipien, d. i. Maximen, entweder gar nicht zugleich als allgemeine Gesetze denken, oder es muss annehmen, dass die bloße Form derselben, nach der jene sich zur allgemeinen Gesetzgebung schicken, sie für sich allein zum praktischen Gesetze mache“.[124] Bedeutet dies, dass Kant die Suche nach Glückseligkeit ablehnt? Keineswegs!

Wie hält es Kant mit dem Glück?

Wenn sich die Suche nach Glückseligkeit laut Kant nicht als Grundlage für moralische Gesetze eignet, so folgt daraus keine Glücksfeindlichkeit,

---

121 Immanuel Kant, *Kritik der praktischen Vernunft*, Akad. Ausgabe Bd. V, 62.
122 Ebd. 19.
123 Ebd. 19.
124 Ebd., 27.

im Gegenteil: „Seine eigene Glückseligkeit sichern, ist Pflicht".[125] Dies gilt allerdings deshalb, weil man dadurch die Versuchung zu unmoralischen Handlungen aus Armut oder Neid vermeidet.

Glückseligkeit steht daher keineswegs notwendig im Gegensatz zur Moralität, sie eignet sich lediglich aus mehreren Gründen nicht als objektives Kriterium richtigen Handelns.

Dies liegt laut Kant erstens daran, dass verschiedene Menschen sie verschieden interpretieren:

„Worin nämlich jeder seine Glückseligkeit zu setzen habe, kommt auf jedes sein besonderes Gefühl der Lust und Unlust an".[126]

Außerdem macht es keinen Sinn, Menschen das Streben nach Glück zu gebieten, da sie diesem von Natur aus nachgehen, weil die Suche nach Glück unvermeidlicher Bestimmungsgrund des Begehrungsvermögens jedes vernünftigen und endlichen Wesens ist.[127]

Unerfahren in der Welt, wie wir nun einmal sind, meint der Philosoph aus Königsberg, wissen wir zudem nie so genau, was bei unserem Tun herauskommt. Viel einfacher als die Prüfung, ob eine Handlung die Glückseligkeit bewirke, sei es da doch, zu sehen, ob die Maxime der Handlung mit dem Sittengesetz übereinstimmt. Wie aber geht das?

Wie kommt der kategorische Imperativ ins Spiel und wie lautet er?

Es kommt also darauf an, dass man nach Maximen, nach persönlichen Handlungsgrundsätzen agiert, die gleichzeitig praktische Gesetze sein können. Dies ist eine unbedingte Forderung, die an uns gerichtet ist, eben der **kategorische Imperativ.**

125 *GMS* Akad. Ausgabe IV, 399.
126 *KpV* Akad. Ausgabe V, 25.
127 Ebd.

Kant nennt drei Arten von Imperativen: *pragmatische* Imperative haben gewissermaßen handwerklichen, technischen Charakter, wenn es darum geht, eine bestimmte Aufgabe zu realisieren, *hypothetische* Imperative sind letztlich allesamt dem für Menschen unausweichlichen Wunsch nach Glückseligkeit untergeordnet. Kant spricht ferner manchmal in Pluralform von kategorischen Imperativen, wenn er sie von hypothetischen Imperativen dadurch unterscheidet, dass sie von sich aus geboten sind, nicht nur in Bezug auf ein von ihnen verschiedenes Ziel. So richtet sich die Regel, man solle „niemals lügenhaft versprechen" auf den Willen der Person, unabhängig von deren Zielen, ist somit ein kategorischer Imperativ, im Unterschied zur Aufforderung, in der Jugend zu arbeiten und zu sparen „um im Alter nicht zu darben".[128]

Dagegen besitzt **der** unbedingte Kategorische Imperativ, das Kriterium für alle Sittlichkeit, das Grundgesetz der reinen praktischen Vernunft formalen Charakter: „Der kategorische Imperativ ist also nur ein einziger und zwar dieser: handle nur nach derjenigen Maxime, durch die du zugleich wollen kannst, dass sie ein allgemeines Gesetz werde."[129] Allerdings gibt es für diesen einzigen Imperativ unterschiedliche Formulierungen. Die neben der eben genannten wichtigste, die auch in Begründungen von Gerichtsurteilen häufig zur Anwendung kommt, hat diejenigen im Blick, die durch das Sittengesetz geschützt werden sollen:

„Handle so, dass du die Menschheit sowohl in deiner Person, als in der Person eines jeden andern jederzeit zugleich als Zweck, niemals bloß als Mittel brauchst."[130]

Es mag zunächst überraschend wirken, dass dies lediglich eine alternative Formulierung für denselben Imperativ sein soll. Doch handelt es sich gewissermaßen um einen Perspektivenwechsel:

Schutzberechtigt sind genau diejenigen, denen aufgrund ihrer Autonomie, d. h. aufgrund der Fähigkeit zur Selbstgesetzgebung Würde zusteht:

---

128 *KpV* Akad. Ausgabe V 20f.

129 *GMS* Akad. Ausgabe IV, 421, vgl. *KpV* Akad. Ausgabe V 30: „Handle so, daß die Maxime deines Willens jederzeit zugleich als Prinzip einer allgemeinen Gesetzgebung gelten könne."

130 *GMS* 429.

„Autonomie ist also der Grund der Würde der menschlichen und jeder vernünftigen Natur."[131]

Der Grundgedanke lässt sich als „verinnerlichte", abstrahierte und verallgemeinerte Form der *volonté générale*, des allgemeinen Willens aus Jean-Jacques Rousseaus (*1712; †1778) „Gesellschaftsvertrag" erklären: Es sind dieselben, die das Sittengesetz geben, wie die, die es einzuhalten verpflichtet sind und die, die durch dieses Gesetz geschützt werden. Die eine Formel des kategorischen Imperativs charakterisiert die Form des Gesetzes, die andere diejenigen, denen es zugutekommt. In beiden Fällen richtet sich das Gebot an alle Vernunftwesen, an diejenigen, welche die Pflicht zur Befolgung haben.

Wie einleuchtend ist Kants Moralkonzeption?

Kant beansprucht hier keineswegs, ein neues Prinzip gefunden zu haben, sondern lediglich auszudrücken, was die „gemeine Menschenvernunft" allemal enthält, wenn auch vielleicht nicht in dieser Abstraktheit. Es gibt eine berühmte Passage, in welcher er festhält, Rousseau habe ihn „zurechtgerückt" und die Moral der kleinen Leute schätzen gelehrt.[132] Allerdings hat die gemeine Menschenvernunft erfahrungsgemäß immer wieder Probleme mit manchen Teilen der Kantischen Ethik. Intuitive Schwierigkeiten bereitet nicht zuletzt der Umstand, dass Kant die menschenfreundlichen Neigungen zwar für erfreulich und begrüßenswert hält, jedoch der Überzeugung ist, durch diese lasse sich nicht feststellen, ob eine Handlung tatsächlich moralisch, weil „aus Pflicht" verübt sei. Berühmt wurden Johann Christoph Friedrich Schillers (*1759; †1805) Verse aus den Xenien unter der Überschrift „Philosophen":

> Gewissensskrupel:
> Gerne dien ich den Freunden, doch tu ich es leider mit Neigung,
> Und so wurmt es mir oft, daß ich nicht tugendhaft bin.
> Decisum:
> Da ist kein andrer Rat, du mußt suchen, sie zu verachten,
> Und mit Abscheu alsdann tun, wie die Pflicht dir gebeut.[133]

---

131 *GMS* 436.
132 Akad. Ausgabe XX, 44.
133 Friedrich Schiller, *Sämtliche Werke*, Band 1, München [3]1962, 299f.

Das Missverständnis besteht zunächst darin, dass Kant pflichtgemäße Handlungen, die aus Neigung geschehen, keineswegs schlecht findet, nur lässt sich nicht erkennen, ob sie moralisch, weil aus Pflicht erfolgt sind. Er gesteht darüber hinaus auch zu, dass wir bei keiner real durchgeführten, empirisch beobachtbaren Handlung jemals genau wissen, ob sie wirklich moralisch war. Man wird „selbst durch die angestrengteste Prüfung hinter die geheimen Triebfedern niemals völlig kommen können."[134] Es handelt sich beim kategorischen Imperativ somit um eine abstrakte, vernunftgegebene Forderung, die, so Kant, allgemein unmittelbar einsichtig sei:

> „Welche Form der Maxime sich zur allgemeinen Gesetzgebung schicke, welche nicht, das kann der gemeinste Verstand ohne Unterweisung unterscheiden".[135]

Er erläutert dies am Beispiel eines Depositums (einer mir anvertrauten Sache) in meinen Händen, dessen Eigentümer verstorben ist, ohne eine Notiz zu hinterlassen. Die Maxime, wonach jedermann ein Depositum ableugnen dürfe, dessen Niederlegung ihm niemand beweisen kann, würde als allgemeines Prinzip, als Gesetz „sich selbst vernichten ... weil es machen würde, dass es gar kein Depositum gäbe".

Selbst angenommen, diese Prognose wäre richtig, so rekurriert sie doch, wie die meisten anderen Beispiele Kants, auf die *Folgen* der Erhebung einer Maxime zum Gesetz und diese sind nicht in allen Fällen so *logisch* stringent zu ermitteln wie im Falle der Lüge, die nicht mehr möglich wäre, wenn alle lögen. Man braucht einige Urteilsfähigkeit, um zu erwägen, was als Prinzip einer Gesetzgebung soll gelten können.

Können Pflicht und Freiheit zusammen bestehen?

Durch das „Faktum der Vernunft", dass der Mensch sich dieses Sittengesetzes bewusst ist,[136] dass er in der Lage ist, seinen Willen durch die bloße Form des Gesetzes bestimmen zu lassen, nicht durch materiale, durch „pathologische" Bestimmungsgründe der Willkür, erkennt der Mensch „in sich die Freiheit, die ihm sonst ohne das moralische Gesetz unbekannt geblieben wäre".[137]

---

134 *GMS* 407.
135 *KpV* Akad. Ausgabe V 27.
136 *KpV* Akad. Ausgabe V 31.
137 *KpV* Akad. Ausgabe V 30.

Gerade dadurch, dass er aus Pflicht, aus Achtung vor dem Gesetz zu handeln vermag, erkennt der Mensch also seine Freiheit als die Fähigkeit, sich über seine Bedürfnisse und sinnlichen Bewegursachen zu erheben, also seine Autonomie im Sinne einer Selbstgesetzgebung.

Durch diese Autonomie und durch seine Vernünftigkeit wird er gesetzgebendes, als Zweck an sich selbst anerkanntes, aber auch zugleich verpflichtetes Mitglied im Reich der Zwecke. Bei Menschen, überhaupt bei vernünftigen Wesen, die durch Bedürfnisse und Sinne affiziert sind, besitzt das Sittengesetz den Charakter der Pflicht, bei der „allergnugsamsten Intelligenz“[138] stimmt es mit dem Willen immer schon überein, der deshalb ein heiliger Wille ist. Auch wenn wir diese Heiligkeit des Willens nie erreichen, ist es doch unsere Aufgabe, sie zum Urbild zu nehmen und uns ihr anzunähern.

Warum gilt der kategorische Imperativ für mich?

Kant beginnt den dritten Abschnitt seiner Grundlegungsschrift mit dem Hinweis, bisher sei nur gezeigt worden, wie moralische Gebote aussähen, wenn es sie geben sollte, und stellt selbst die Frage:

> „Warum aber soll ich mich diesem Prinzip unterwerfen und zwar als vernünftiges Wesen überhaupt, mithin auch alle andere mit Vernunft begabte Lebewesen?“[139]

Kant unternimmt mehrere Anläufe, diese Frage zu beantworten. Direkt im Anschluss an seine Frage beschreibt er „eine Art Zirkel“, der entsteht, wenn wir uns gegenüber der Welt der Kausalität als frei annehmen, um uns unter *sittlichen* Gesetzen und nicht unter Naturgesetzen stehend zu deuten, dann wiederum behaupten, wir seien diesen Gesetzen unterworfen, weil wir frei seien und Freiheit nun einmal in der Autonomie, der Selbstgesetzgebung des Willens bestehe. Er erklärt diesen Zirkelschluss durch einen Perspektivenwechsel: Zum einen sind wir Mitglieder der Sinnenwelt, wo wir stets nur zur Erkenntnis der Erscheinungen, nicht jedoch der Dinge an sich gelangen können. Zum anderen kann der Mensch als vernunftfähiges Wesen „die Kausalität seines eigenen Willens niemals anders als unter der Idee der

138 *KpV* Akad. Ausgabe V 32.
139 *GMS* Akad. Ausgabe IV 449.

Freiheit denken".[140] Da diese wiederum durch Selbstgesetzgebung bestimmt ist, wird der kategorische Imperativ möglich.

Unklar bleibt nach Kants Einschätzung „*wie* reine Vernunft praktisch werden könne".[141] Tatsächlich ist fraglich, wie ein guter Wille, da er nun einmal in der intelligiblen Welt angesiedelt ist, als *mein* Wille identifizierbar ist. Umgekehrt ist nicht leicht zu verstehen, wie mein Wille von all meinen emotionalen Einstellungen zu trennen ist.

Einen Hinweis gibt die Anmerkung zum § 7 der Kritik der praktischen Vernunft. Dort heißt es, man könne das Bewusstsein des Grundgesetzes der praktischen Vernunft und auch das Gesetz selbst, also: „Handle so, dass die Maxime deines Willens jederzeit zugleich als Prinzip einer allgemeinen Gesetzgebung gelten könne." ein „Faktum der Vernunft" nennen könne, und zwar ihr einziges.[142] Die Antwort auf die Frage, was mit dieser Formulierung gemeint ist, erfordert einige etwas subtilere Überlegungen.

Was ist mit dem Ausdruck „Faktum der Vernunft" gemeint?

Umgangssprachlich scheint es naheliegend, den Genitiv in der Formel „Faktum der Vernunft" so zu deuten, dass da ein Faktum durch die Vernunft entsteht. Dies würde mit der einen von Kants Verwendungen des Wortes *factum*, etwa in der Einleitung zur „Metaphysik der Sitten", generell im Kontext der Zurechnungslehre in etwa übereinstimmen, nämlich als Tat, als Handlung, die unter Gesetzen steht[143] – hier vielleicht auch als Ergebnis einer Tat. Die in der Literatur gebräuchlichere Lesart, das Faktum der Vernunft gemäß der zweiten Wortbedeutung des lat. „factum" im Sinne einer *Tatsache* zu deuten, welche die Vernunft vorfindet, hätte grammatisch den Nachteil, den Genitiv nicht unmittelbar aufgreifen zu können. Man müsste ihn als Verkürzung des mit einem Dativ gebildeten Relativsatzes: „Ein Faktum, welches der Vernunft gegeben ist," interpretieren. Da würde die Frage, ob es den kategorischen Imperativ gibt, nur durch die Behauptung beantwortet, das sei eben eine Tatsache. Ein anderer Deutungsvorschlag für „Faktum der Vernunft" wäre „Die Tatsache, dass es die praktische Vernunft

140 *GMS* Akad. Ausgabe IV 450, 452.
141 *GMS* 461.
142 *KpV* 31
143 Akad. Ausgabe VI 227.

gibt." Man könnte einen Satz aus der *Kritik der praktischen Vernunft* so deuten: „Die objektive Realität … einer reinen praktischen Vernunft ist im moralischen Gesetze gleichsam durch ein Factum gegeben; denn so kann man eine Willensbestimmung nennen".[144] Doch bleibt auch hier eine Lesart möglich, nach der das Factum, als welches man eine Willensbestimmung bezeichnen kann, eben eine Handlung, eine Tat ist.

Wenn jedoch das Faktum der Vernunft als Tat durch die Vernunft gemacht würde, dann wären wir uns des Grundgesetzes der reinen praktischen Vernunft schon deshalb bewusst, weil wir gemäß einem Grundsatz der neuzeitlichen Wissenschaft erkennen können, was wir selbst gemacht haben. Wenn *ferner* die besagtes Faktum hervorbringende praktische Vernunft das uns Menschen eigene Vermögen ist, uns über das Gute und das Rechte mit anderen Menschen diskursiv, den Gesetzen der Logik folgend, zu verständigen: Dann wären es tatsächlich *wir*, die das Gesetz der reinen praktischen Vernunft *machten* und ihm dann allerdings auch zu gehorchen hätten.

Der Gebrauch der reinen Vernunft in praktischen Kontexten ist dann selbst eine Tat, durch die wir uns und unsere Handlungen unter praktische Gesetze stellen. Wenn wir die Vernunft in praktischen Kontexten gebrauchen, stehen wir somit unter dem Sittengesetz, das in ähnlicher Weise als Regel unseres praktischen Denkens zu ermitteln ist wie die Regeln der Logik durch das theoretische Denken.

Es bleibt jedoch dabei, dass wir als freie Menschen auch die Freiheit besitzen, uns gegen ein Leben nach moralischen Prinzipien zu entscheiden. Welches Motiv könnten wir haben, uns für diese Prinzipien zu entscheiden? Eine von Kant erwogene Option ist die sogenannte Postulatenlehre aus der *Kritik der praktischen Vernunft.*

Gibt uns Gott ein Motiv, den kategorischen Imperativ zu beachten?

Ein Weg, auf dem uns ein *Motiv* zur Befolgung des Sittengesetzes erwachsen könnte, findet sich in der sogenannten Postulatenlehre der *Kritik der prakti-*

144 Akad. Ausgabe V 55.

schen Vernunft. Aus dem „Vernunftbedürfnis“, die Glückswürdigkeit und die Glückseligkeit zusammendenken zu können – schließlich ist die Annahme, es gebe für moralisch gutes Leben gar keinen Lohn für viele Menschen belastend – entsteht eine besondere Konzeption des höchsten Gutes als notwendiges Objekt der praktischen Vernunft: Wenn man annimmt, dass die Unsterblichkeit der Seele Hoffnung auf moralische Vervollkommnung ermöglicht und dass es einen von der praktischen Vernunft als allwissend und allmächtig bestimmten Gott gibt,[145] so kann es auch Hoffnung auf eine der Glückswürdigkeit entsprechende Glückseligkeit im Jenseits geben.[146] Auf diese Idee gründet sich laut Kant die Überlegenheit der Lehre des Christentums gegenüber den Ethiken der Epikuräer und der Stoiker. Erstere hatten die Ethik fälschlicherweise an der Glückseligkeit festgemacht, waren darin aber wenigstens konsequent. Letztere vernachlässigten durch die Identifikation von Tugend und Glückseligkeit die „Stimme ihrer eigenen Natur“, muteten den Menschen mehr zu als diesen möglich ist.[147]

Kant weiß auch, warum er hinzufügt, diese christliche Lehre sei „noch nicht als Religionslehre betrachtet“. Allem Anschein nach ist der in der „Kritik der praktischen Vernunft“ postulierte Gott deutlich verschieden von dem aus einem Teil der Offenbarung bekannten. Diesem hatte Kant in der Grundlegungsschrift bescheinigt, dass „der uns noch übrige Begriff seines Willens aus den Eigenschaften der Ehr- und Herrschbegierde, mit den furchtbaren Vorstellungen der Macht und des Racheeifers verbunden, zu einem System der Sitten, welches der Moralität gerade entgegengesetzt wäre, die Grundlage machen müssten“.[148] Die Art, wie Kant den christlichen Gott zumindest in der KpV *konstruiert,* als Urheber der Natur,[149] der uns den unverzichtbaren Grund zur Hoffnung auf Glückseligkeit gibt, „in dem Maße ..., als wir darauf bedacht gewesen, ihrer nicht unwürdig zu sein“,[150] entspricht weniger dem Gott Abrahams und Hiobs, der bedingungslose Unterwerfung fordert. Kant selbst spricht ohne Umschweife von der „subjektiv“ bestimmten moralischen Notwendigkeit dieses „Vernunftglaubens“.[151] Seine These, wonach „unsere Vernunft“ nicht anders kann, als Sittlichkeit mit

145 Akad. Ausgabe V 139f.
146 Ebd. 130.
147 Ebd. 126ff.
148 *GMS* Akad. Ausgabe IV 443.
149 Akad. Ausgabe V 125.
150 Ebd. 130.
151 Ebd. 125.

dieser Konzeption des höchsten Gutes als ihrem Objekt verknüpft und daher auch mit dem „Dasein“ einer „höchsten Intelligenz“ zu denken, erscheint heute in dieser Allgemeinheit bezweifelbar. Allemal ist für ihn die Postulatenlehre, insbesondere „die Annehmung des Daseins Gottes“ nicht der Grund für die Verbindlichkeit des Sittengesetzes. Diese Verbindlichkeit „beruht lediglich auf der Autonomie der Vernunft selbst“,[152] so dass wir bei der Frage, warum man moralisch sein solle, wieder auf diese zurückverwiesen sind.

Ist Kant wirklich formalistisch und rigoros?

Ein gängiger Vorwurf gegenüber Kants Ethik besteht in dem Verweis auf ihre Abstraktheit und ihren formalen Charakter, manchmal spricht man gar von „leerem Formalismus“ oder „abstraktem Verstand“. In der „Tugendlehre“ der *Metaphysik der Sitten* wird diesem Vorurteil zumindest ein Stück weit entgegengetreten. Zunächst einmal gilt es zu beachten, dass es durchaus verpflichtende Ziele für Menschen gibt, so dass das Ergebnis einer Handlung sehr wohl von Bedeutung ist, nur eben nicht für die moralische Qualität dieser Handlung, sondern in dem Sinne, dass die oder der Handelnde alles daransetzen muss, dass Moralität in der Welt wirksam wird. Weil wir die Pflicht haben, dem kategorischen Imperativ zu folgen, haben wir die Pflicht, unsere Vervollkommnung und die Glückseligkeit der anderen zu erstreben, auch unsere Glückseligkeit, um uns nicht in die Versuchung schlechter Handlungen zu führen. Wir haben generell auch Pflichten gegen uns selbst als vernünftige Wesen, wie Kant sagt gegenüber der Menschheit in unserer Person. So ist der Suizid nach Kant eine Verletzung der Menschheit in unserer Person und daher moralisch verboten. Ferner ist die „Sünde der wollüstigen Selbstschändung“, ein Laster, welches „selbst das des Selbstmordes noch zu übergehen scheint“,[153] weitere Laster sind „Versoffenheit und Gefräßigkeit“, aber auch Geiz und „Kriecherei“. Selbstachtung ist eine Pflicht des Menschen gegen sich selbst,[154] Wohlwollen und Dankbarkeit sind Pflichten gegen andere, Neid und Missgunst hingegen Laster.

Insbesondere in den „kasuistischen Fragen“, die er bisweilen anhängt, zeigt sich, dass Kant zwar eine gewisse Strenge an den Tag legt, jedoch

152 Ebd.
153 Akad. Ausgabe VI 424f.
154 Ebd. 427ff.

viele Dinge sehr viel differenzierter betrachtet, als es bei der Lektüre der Grundlegungsschrift und auch noch der Kritik der praktischen Vernunft den Anschein haben könnte.

Einige Beispiele:

„Ist es erlaubt, dem ungerechten Todesurteile seines Oberen durch Selbsttötung zuvor zu kommen? – selbst wenn dieser es (wie Nero am Seneca) erlaubte zu tun?" Ferner fragt er, ob es verwerflich von Friedrich II. gewesen sei, dass er stets ein schnell wirkendes Gift mit sich führte, um im Falle einer Gefangennahme keine Staatsgeheimnisse preisgeben zu müssen, ob man es einem von einem tollwütigen Hund gebissenen Mann übelnehmen könne, dass er sich umbrachte, um niemanden zu gefährden, als er die ersten Symptome bei sich spürte. Historisch interessant ist seine Skepsis gegenüber der Pockenimpfung („Wer sich die Pocken einimpfen zu lassen beschließt, wagt sein Leben aufs Ungewisse ... Ist also die Pockeninokulation erlaubt?"). Zudem erwägt er, ähnlich der traditionell scholastischen Sicht, dass man vielleicht die „Beiwohnung der Geschlechter" auch ohne den Zweck der Fortpflanzung „zur Verhütung einer noch größeren Übertretung" erlauben kann. „Von wo an kann man ... den tierischen Neigungen, mit Gefahr der Verlassung des Vernunftgesetzes, einen Spielraum verstatten?"[155]

Ein verbleibendes Problem besteht darin, dass Kant keine Richtlinien dafür bereitstellt, wie man mit moralisch strittigen Fällen umzugehen hat. Immerhin ist er sich darüber im Klaren, dass es zur Regelanwendung der Urteilskraft bedarf.

Was ist Utilitarismus?

> Der Utilitarismus geht in seiner klassischen Form davon aus, dass eine Handlung insofern moralisch gut ist, als sie das Glück befördert und insofern moralisch schlecht, als sie das Glück verringert. Dabei handelt es sich um das Glück aller von der Handlung Betroffenen, das es unparteilich zu beachten gilt.[156]

155 Ebd. 426.

156 Ähnlich wie bei Kant gibt es auch zum Utilitarismus eine unüberschaubare Menge an Literatur. Einige Werke der Original- und Sekundärliteratur sind in den Literaturipps zu finden.

Es geht hier also erstens im Unterschied zu Kant um die Folgen einer Handlung. Es hat sich der Sprachgebrauch eingebürgert, utilitaristische Ethikkonzeptionen als *konsequentialistisch*, als eine Variante des Konsequentialismus, kantianisch inspirierte dagegen als *deontologisch* zu klassifizieren, was natürlich stets nur eine grobe Zuordnung gestattet.

Zweitens werden Handlungen dadurch moralisch qualifiziert, dass sie einen außermoralischen Wert, den Nutzen (utilitas, daher der Name) – die Lust bei Bentham, das Glück bei Mill, das Interesse bei Norbert Hoerster (*1937) – befördern und maximieren. Peter Singer (*1946) vertritt einen sog. Präferenzutilitarismus, bei dem die Auswahl dessen, was als wertvoll anzusehen ist, den Betroffenen selbst überlassen bleibt. Auch wenn es unterschiedliche Versuche gibt, den Nutzen adäquat zu beschreiben, so bleibt er doch nicht unabhängig von dem, was als – außermoralisch – gut für die Menschen angesehen werden kann.

Drittens werden einzelne Handlungen dadurch als moralisch besser als alternative Handlungen qualifiziert, dass sie ein größeres Maß an diesem Wert hervorbringen, wobei es, entgegen einem immer wieder vorgebrachten Missverständnis, nicht auf den Nutzen für die Handelnde, sondern auf den Nutzen für alle von der Handlung Betroffenen ankommt, den es unparteilich zu berücksichtigen gilt.

Otfried Höffe (*1943) nennt vier Prinzipien des Utilitarismus: Folgenprinzip, Nutzenprinzip, universalistisches Prinzip, hedonistisches Prinzip.[157] Allerdings ist der Hedonismus – also die Orientierung an der Lust bzw. dem Vergnügen – nur eine der möglichen Interpretationen des Nutzens, die keineswegs von allen Varianten des Utilitarismus akzeptiert wird.

Da es sich bei der utilitaristischen Ethik nicht um einen monolithischen Block handelt und wichtige Beiträge in einem Zeitraum von fast 200 Jahren erschienen, ist es nützlich, die verschiedenen Differenzierungen kurz zu skizzieren, die im Laufe der Jahre entstanden sind.

Literaturtipps

Jeremy Bentham, *An Introduction to the Principles of Morals and Legislation 1789*, Oxford 1996.

John Stuart Mill, *Utilitarianism (1861), Der Utilitarismus*, Stuttgart 1976.

157 Höffe 2013, 7ff.

John Stuart Mill, *On Liberty (1859), Über die Freiheit*, Stuttgart 1974.
John Stuart Mill, *Utilitarianism: Englisch/Deutsch*, Stuttgart 2006.
John Stuart Mill, *Utilitarianism and other essays*, London 2004.
Henry Sidgwick, *The Methods of Ethics*, London 1874, reprint Bristol 1996.
Peter Singer, *Praktische Ethik*, Stuttgart 1994.
Norbert Hoerster, *Utilitaristische Ethik und Verallgemeinerung*, Freiburg 1977.
Wilhelm Hofmann, *Politik des aufgeklärten Glücks*, Berlin 2002.
Philip Schofield, *Utility and democracy: the political thought of Jeremy Bentham*, Oxford 2009.
Jean C. Wolf, *John Stuart Mills Utilitarismus. Ein kritischer Kommentar*, Freiburg/München ²2012.
Henry R. West, *The Blackwell guide to Mill's Utilitarianism*, Malden 2006.
Manuel Garzia Pazos, *Die Moralphilosophie John Stuart Mills*, Marburg 2001.
Jerome Schneewind, *Sidgwick's Ethics and Victorian Moral Philosophy*, Oxford: Clarendon Press 1977.
Otfried Höffe (Hg.), *Einführung in die utilitaristische Ethik*, Tübingen ⁵2013.
Ulrich Gaehde (Hg.), *Der klassische Utiltarismus: Einflüsse, Entwicklungen, Folgen*, Berlin 1992.
Geoffrey Scarre, *Utilitarianism*, London/New York 1996.
Amartya Sen & Bernard Williams (ed.), Utilitarianism and beyond, Cambridge 1982.
J.J.C. Smart & Bernard Williams, *Utilitarianism. For & Against*, Cambridge 1973.
Tim Mulgan, *Utilitarianism*, Cambridge, 2020.
Bernward Gesang, *Eine Verteidigung des Utilitarismus*, Stuttgart 2003.

Welches sind die wichtigsten Varianten des Utilitarismus?

Zunächst ist eine rein historische Differenzierung in **klassischen** und **nicht-klassischen** Utilitarismus angebracht. Zum klassischen Utilitarismus zählt man traditionell die „Gründergestalt" Jeremy Bentham (1748–1832), ferner John Stuart Mill (*1806; †1873), den Sohn eines engen Freundes Benthams. Schließlich wird noch Henry Sidgwick (*1838; †1900) angeführt. Dieser erfreute sich zu Lebzeiten und auch noch einige Zeit danach großer Wertschätzung, geriet später indessen weitgehend in Vergessenheit, wohl auch wegen seiner Bindung an viktorianische Wertvorstellungen. Nicht nur die lange Zeitspanne weist darauf hin, dass bereits der klassische Utilitarismus keine homogene Position enthält. Allein die Differenz zwischen dem reformorientierten Ansätzen Benthams, der bereits 1792 Ehrenbürger im revolutionären Frankreich war, sowie Mills, der für das Wahlrecht der Arbeiter stritt und gegen die Unterdrückung der Frauen protestierte, und der eher konservativen Haltung Sidgwicks ist sogar abgesehen von den theoretischen Unterschieden bemerkenswert.

Der nicht-klassische Utilitarismus entwickelte sich seit den dreißiger Jahren des zwanzigsten Jahrhunderts nicht zuletzt im Umfeld der ökonomischen Theorie als Modell zur Berechnung gerechter Verteilung, was auch großen Einfluss auf spätere philosophische Ansätze ausübte. Wichtige Vertreter sind ferner aus den sechziger und siebziger Jahren des 20. Jahrhunderts J. J.C. Smart (*1920; †2012) und Peter Singer, deren Positionen unten kurz vorgestellt werden.

Für die Berechnung gerechter Ressourcenverteilung wird die Unterscheidung von **Nutzensummen-** und **Durchschnittsnutzenutilitarismus** relevant. Im ersten Fall wird der in irgendeiner Form quantifizierte Nutzen aller Betroffenen addiert und eine Maximierung dieses Wertes angestrebt. Der übliche Einwand gegenüber dem Nutzensummenutilitaristen ist, dass er den Nutzen für das Individuum ziemlich weit herabsetzen und eine Handlungsweise dennoch als moralisch gut bewerten kann, wenn er gleichzeitig die Anzahl der Individuen noch stärker erhöht. Dagegen wirft man dem Durchschnittsnutzenutilitarismus, der nicht die einzelnen Nutzenwerte addiert, sondern den Durchschnittswert zu maximieren versucht, vor, dass die Fixierung auf einen Durchschnittswert bereits kein Maß mehr für die Differenzierung zwischen verschiedenen Lebensverläufen gestattet.[158]

Eine dritte Standardunterscheidung differenziert zwischen dem **Handlungsutilitarismus**, welcher den Nutzen einzelner Handlungen zum moralischen Maßstab erklärt und moralische Prinzipien nur als Faustregeln anerkennen will, und dem **Regelutilitarismus**, bei dem es um den Nutzen geht, den die Befolgung einer bestimmten Regel erwarten lässt. Ersterer steht vor dem Problem, dass die Folgen der jeweiligen Handlung in der konkreten Situation gar nicht in ihrer Gesamtheit übersehbar sind und allemal nicht jedes Mal eigens berechnet werden können. Der Regelutilitarismus wird hingegen mit der Kritik konfrontiert, dass in außergewöhnlichen Situationen die strikte Einhaltung von Regeln absurde

158 Die Unterscheidung stammt wohl von Sidgwick, *Methods of Ethics*, a.a.O., 415; vgl. Dieter Birnbacher, *Verantwortung für zukünftige Generationen*, Ditzingen 1988, 60–67.

Konsequenzen haben kann (als Beispiel wird oft die Rettung eines späteren Massenmörders genannt).

Klassischer Utilitarismus: Wie lässt sich Benthams Utilitarismus charakterisieren?

Jeremy Bentham bekennt sich zum Hedonismus-Prinzip:

> „Die Natur hat die Menschheit unter die Herrschaft zweier souveräner Gebieter – Leid und Freude – gestellt. ... Das Prinzip der Nützlichkeit erkennt dieses Joch an ... Unter Nützlichkeit ist jene Eigenschaft an einem Objekt zu verstehen, durch die es dazu neigt, Gewinn, Vorteil, Freude, Gutes oder Glück hervorzubringen."[159]

Bentham macht daraufhin klar, dass es bei der Bestimmung des moralisch Richtigen und Falschen um die Gesamtsumme der Freuden geht, die es erst für das Individuum, dann aber eben auch für die Gesamtheit der betroffenen Individuen zu bestimmen gilt.

Im Zentrum von Benthams Interesse stehen dabei die geeigneten Maßnahmen der Regierung. Lange Zeit wurde das Prinzip, wonach es darum gehe, das größte Glück der größten Zahl zu sichern, als seine Erfindung angesehen. Doch findet es sich bereits bei Francis Hutcheson, bei Cesare Beccaria (*1738; †1794), den er sehr schätzte und, wie oben gezeigt, bei Leibniz. Nach Benthams Ansicht wird das Prinzip der Nützlichkeit explizit oder implizit allgemein anerkannt. Selbst die, die es zu bekämpfen versuchen, greifen, so Bentham, oft letztlich darauf zurück. Ein Gegenprinzip sei das der Askese, philosophisch oder religiös begründet, welches jedoch philosophisch kaum (Sparta), religiös fast gar nicht zur Grundlage politischer Organisation wurde. Eine weitere „Alternative" wäre die bloße Willkür. Bentham betrachtet durchaus auch das Motiv einer Handlung, setzt dieses allerdings mit der Ursache gleich und warnt davor, es mit der Rechtfertigung zu verwechseln

Der Wert einer Handlung bestimmt sich für Bentham durch das Maß an Freude, die sie schafft. Dabei sind alle Freuden gleich viel wert, banale Geschicklichkeitsspiele nicht weniger als Kunst, Wissenschaft und Poesie. Die Kriterien für das Maß einer Freude sind

159 Bentham in Höffe, 2013, 35.

a) Intensität,
b) Dauer,
c) Gewissheit oder Ungewissheit,
d) Nähe oder Ferne,
e) Folgenträchtigkeit,
f) Reinheit,
g) Ausmaß (Anzahl der Personen).

Bentham führt alle Freuden und Leiden auf 14 einfache Freuden und Leiden zurück. Für die Freuden sind dies:

a) Sinnesfreuden,
b) Freuden des Reichtum,
c) Die Freuden der Kunstfertigkeit,
d) Freuden der Freundschaft,
e) Freuden des guten Rufs,
f) Freuden der Macht,
g) Freuden der Frömmigkeit,
h) Freuden des Wohlwollens,
i) Freuden des Übelwollens,
j) Freuden der Erinnerung,
k) Freuden der Einbildungskraft,
l) Die Freuden der Erwartung,
m) gesellschaftlich fundierte Freuden,
n) die Freuden der Entspannung.

Anhand dieser Kriterien meint er, ließe sich der Nutzenkalkül für jedes Individuum ermitteln und durch Addition dieser Werte ein gesamtgesellschaftlicher Nutzen ermitteln, den die Politik umzusetzen hat.[160] Es mag etwas naiv erscheinen, anhand derartiger Kriterien und Kataloge von Freuden die moralische Richtigkeit politischer Handlungen „errechnen“ zu wollen. Doch sind Verfahren, die sich auf das Pro-Kopf-Einkommen, auf sog. *Rational Choice* und ähnliche Kriterien beziehen, nicht völlig anders gelagert.

160 Bentham in Höffe, 2013, 49–52.

Wessen Nutzen ist für Bentham relevant?

Es wurde bereits erläutert, dass für Bentham entgegen anderslautenden Verdächtigungen der unparteilich berücksichtigte Nutzen aller von einer Handlung Betroffenen für die moralische Beurteilung einer Handlung relevant ist. Wichtig an seiner Zugangsweise ist insbesondere der Umstand, dass bei ihm, generell im Utilitarismus, im Unterschied zu Kant nicht erst die **Vernunftfähigkeit**, sondern bereits die **Leidensfähigkeit** ein Grund zur moralischen Berücksichtigung eines Wesens ist. Von ihm stammt eines der ersten statements in der europäischen Philosophie, worin die Berücksichtigung der Tiere gefordert wird:

> „Der Tag mag kommen, an dem der Rest der belebten Schöpfung jene Rechte erwerben wird, die ihm nur von der Hand der Tyrannei vorenthalten werden konnten. Die Franzosen haben bereits entdeckt, dass die Schwärze der Haut kein Grund ist, ein menschliches Wesen hilflos der Laune eines Peinigers auszuliefern. Vielleicht wird eines Tages erkannt werden, dass die Anzahl der Beine die Behaarung der Haut oder die Endung des Kreuzbeins ebenso wenig Gründe dafür sind, ein empfindendes Wesen diesem Schicksal zu überlassen. Was sonst sollte die unüberschreitbare Linie ausmachen? Ist es die Fähigkeit des Verstandes oder vielleicht die Fähigkeit der Rede? Ein voll ausgewachsenes Pferd aber oder ein Hund ist unvergleichlich verständiger und mitteilsamer als ein einen Tag oder eine Woche alter Säugling oder sogar als ein Säugling von einem Monat. Doch selbst wenn es anders wäre, was würde das ausmachen? Die Frage ist nicht: können sie denken? Können sie sprechen? Sondern: Können sie leiden?“[161]

Kann es richtig sein, Minderheiten für das Gemeinwohl zu opfern?

Das größte Problem des Nützlichkeitsprinzips mit der Devise „das größte Glück für die größte Zahl“ sieht man gewöhnlich darin, dass es die eklatante Benachteiligung einer Minderheit zugunsten der Mehrheit zu gestatten scheint. Dieser Vorwurf gegenüber „seinem“ Prinzip erscheint Bentham offenkundig absurd. Auf die rhetorische Frage, ob vielleicht die Versklavung einer Minderheit das Glück der Gemeinschaft vergrößern könnte, antwortet

161 Bentham, 1789, 282b, übersetzt: Ursula Wolf, *Das Tier in der Moral*, Frankfurt/M. 1990, 43f.

er: „*The question answers itself.*" Gleichwohl meint er, auf das mögliche Problem reagieren zu müssen.

Wie er in einem späteren *Article on Utilitarianism* (1829) klarstellt, wiegen für Bentham der Schmerz und das Leid eines Glücksverlustes prinzipiell immer schwerer als der diesem Verlust entsprechende Gewinn. Ansonsten könnte man auch keinem Sadisten sein Tun verbieten. Zum *greatest happiness principle* gehört demnach das *disappointment prevention principle*, so dass man sich auch bei Reformen zugunsten der überwältigenden Mehrheit darüber im Klaren bleiben muss, dass man anderen damit etwas wegnimmt, wofür man sie entschädigen sollte. Dieses Prinzip der Nicht-Enttäuschung der Sicherheit der begründeten Erwartung ist für Bentham ein sehr wichtiger Grundsatz bei der Sorge um das größte Glück. Der Schmerz der Enttäuschung rangiert für ihn sehr weit oben auf der Skala der Leiden.[162]

Was kennzeichnet Mills Utilitarismus?

Mills kurze Schrift *Utilitarianism* erschien 1861, damit mehr als siebzig Jahre nach Benthams Hauptwerk *The Principles of Morals and Legislation*. Allein die Zeit der Veröffentlichung legt nahe, dass Bentham eher im gedanklichen Umfeld der Aufklärung argumentierte, während Mill bereits in vollem Umfang mit der sozialen Frage des 19. Jahrhunderts konfrontiert und zudem von einigen Dichtern und Schriftstellern der Romantik beeindruckt war. Letztere waren für ihn wichtig, als er nach einer Zeit als von seinem Vater und dessen Freund Bentham erzogenes Wunderkind und „Benthamsche Argumentationsmaschine" einen Nervenzusammenbruch erlitt. Enorme Bedeutung hatte auch eine – wie auch immer geartete – Beziehung zu Harriett Taylor, die er nach dem Tod ihres Ehemannes heiratete. Der Vorwurf, Utilitaristen seien bereit, die Individuen dem Wohl der Mehrheit zu opfern, ist bei Mill schon deshalb schwer zu halten, als er zwei Jahre vor dem Werk über den Utilitarismus mit *On Liberty* eine der bis heute schlagkräftigsten Verteidigungen individueller Freiheit gegen die – auch informellen – Dominanzansprüche der Mehrheit publizierte. Es gab Spekulationen, diese Schrift stamme nicht von Mill, sondern von Taylor, doch wurde auch überzeugend dafür argumentiert, dass Mills *Utilitarianism* – übrigens auch eine Verteidigungsschrift – sehr wohl mit den Prinzipien

162 https://plato.stanford.edu/entries/bentham/ (abgerufen am 4.10.2023)

seines Plädoyers für Individualismus und persönliche Freiheit vereinbar sei.[163]

Zunächst ist sein Kriterium für die moralische Richtigkeit einer Handlung demjenigen Benthams durchaus ähnlich:

„Die Auffassung, für die die Nützlichkeit oder das Prinzip des größten Glücks die Grundlage der Moral ist, besagt, dass Handlungen insoweit und in dem Maße moralisch richtig sind, als sie die Tendenz haben, Glück zu befördern und insoweit moralisch falsch, als sie die Tendenz haben, das Gegenteil von Glück zu bewirken."[164]

Mill gesteht durchaus zu, dass Handlungsmotive eine Rolle spielen – allerdings nicht bei der Beurteilung der Handlung, sondern des Handelnden.[165]
Doch verwehrt sich Mill gegen Benthams Annahme, es komme lediglich auf die Quantität der Freuden an, von denen eine so gut wie die andere sei. Er nimmt einen qualitativen Unterschied zwischen geistigen und körperlichen Freuden an, weshalb auch ein noch so großes Maß an körperlichem Vergnügen das Fehlen geistiger Fähigkeiten nicht wettmachen könnte.

Angeblich ziehen diejenigen, die beide Freuden kennen, stets oder jedenfalls zumeist die geistigen vor. Mill erläutert dies mit einer interessanten Überlegung:

> „Ein höher begabtes Wesen verlangt mehr zu seinem Glück, ist wohl auch größeren Leidens fähig, ... als ein niedrigeres Wesen; aber trotz dieser Gefährdungen wird es niemals in jene Daseinsweise absinken wollen ... Wir mögen dieses Widerstreben ... dem Stolz zuschreiben ...; wir mögen es der Freiheitsliebe und dem Streben nach Unabhängigkeit zuschreiben, woran die Stoiker appellierten ...; der Liebe zur Macht und zur begeisterten Erregtheit, die beide darin enthalten sind. Aber am zutreffendsten wird es als ein Gefühl der Würde beschrieben ..."[166]

Die Argumentation gipfelt im vielleicht bekanntesten Zitat aus dieser Schrift:

---

163 Michael Schefczik, *Das John-Stuart-Mill-Problem*, in: Frauke Höntsch (Hg.), John Stuart Mill und der sozialliberale Staatsbegriff, Stuttgart 2011, 27–42.

164 Mill 2006, 23f.

165 Ebd. 57.

166 Ebd. 31f.

> „Es ist besser ein unzufriedener Mensch zu sein als ein zufriedenes Schwein; besser ein unzufriedener Sokrates als ein zufriedener Narr."

Ohne sich auf eine genaue Statistik festlegen zu müssen, ist es plausibel, dass die wenigsten Menschen völlig auf ihre geistigen Fähigkeiten und damit verbundenen Entscheidungsmöglichkeiten verzichten würden, auch wenn physische Annehmlichkeiten garantiert würden. Man erkennt hier über die Bezugnahme auf philosophische Traditionen hinaus (Epikurs Philosophie, in deren Tradition Mill sich sieht, wurde polemisch mitunter als Philosophie für Schweine gegeißelt.) gewisse romantische Elemente, die durchaus Parallelen zur Freiheitsschrift aufweisen. Dort hatte Mill betont, wer „die Welt oder sein Milieu" einen Lebensplan für sich wählen lasse, brauche dafür nichts als „affenhafte Nachahmungskunst", wer seinen Plan für sich selbst aussuche, hingegen alle seine Fähigkeiten.[167]

Können Menschen glücklich werden?

Mill wendet sich auch der Frage zu, ob Menschen überhaupt glücklich werden können, ob also das Kriterium, dass eine Handlung Glück befördert, überhaupt sinnvoll ist. Er findet eine originelle Antwort, womit er die Möglichkeit des Glücks beweisen will:

> „Die Hauptbestandteile eines befriedigten Lebens ... scheinen zwei zu sein: Ruhe (tranquility) und Erregung (excitement). Viele können ... bei großer Ruhe mit sehr wenig Lust auskommen; viele finden sich bei großer Erregtheit mit einem beträchtlichen Maß an Schmerz ab."

Es gibt also quasi ein physiologisches Fundament menschlichen Wohlbefindens, die Abwechslung von Erregung und Entspannung, derer wir alle bedürfen, mit individuell unterschiedlichen Gewichtungen auf der einen oder anderen Seite.

Zwar kann es vorkommen, dass das Verlangen nach Erregung bei manchen Menschen krankhaft geworden ist und andere in lasterhafter Weise träge sind, die meisten Menschen können diese Abwechslung aber sehr wohl erreichen. Mill setzt also die Schwelle für die Möglichkeit des Glückserlebens

167 Mill 1974, 81.

vergleichsweise niedrig an, geht aber dann dazu über, verschiedene aus der philosophischen, religiösen und überhaupt kulturellen Tradition überkommene Werte wie Bildung, Opferbereitschaft und Fähigkeit zum Verzicht auf ihren Beitrag zum Glück zu untersuchen, zum Glück für alle Betroffenen, wie er betont.

Wie verhält sich Mills Utilitarismus zur Gerechtigkeit?

Mill widmet dem Thema der Gerechtigkeit das ganze fünfte Kapitel seines Werkes. Er beginnt dieses mit einem Blick auf die Probleme, die eine Verabsolutierung einzelner Bedeutungselemente verursachen kann, sei dies die Gesetzeskonformität, die Gleichheit, die Unparteilichkeit oder auch das Einhalten von Versprechen. Mill selbst versucht eine etymologische Rückführung des Begriffes *justice* und bindet ihn zunächst an den Gedanken des Richtens und der Strafe, an ein Gerechtigkeitsgefühl. Dieses Gefühl enthält die Komponenten des Wunsches nach Bestrafung dessen, der Unrecht getan hat, und der Sympathie für den, dem Unrecht widerfahren ist. Durch das Prinzip der Nützlichkeit wird es von der bloßen unmittelbaren Umgebung auf die Gemeinschaft aller Menschen ausgedehnt. Ansonsten bliebe der ursprüngliche Instinkt in Richtung Selbstverteidigung und Rache, wie er sich z. B. in archaischen Clans findet, nur eine letztlich animalische Reaktion.

Wenn man die Nützlichkeit als letztes Kriterium bei der Diskussion von Gerechtigkeitsfragen einbezieht, kann man laut Mill viele anscheinend unlösbare Probleme klären.

Zum Beispiel kann man *gegen* die bessere Bezahlung der Talentierteren argumentieren, dass ihre höhere Begabung ja nicht auf das individuelle Verdienst zurückgehe, es daher nicht zu rechtfertigen wäre, wenn der natürliche Nachteil der anderen auch noch von der Gesellschaft verschlimmert würde. Auf der anderen Seite hielte man es für Diebstahl an den Begabteren, wenn sie für das, was sie mehr leisten als andere, anstatt nach der erbrachten gleichen Leistung die Arbeit einzustellen, nicht auch mehr bekämen. Der Rückgriff auf soziale Nützlichkeit, auf das Wohlergehen aller Beteiligten, löst laut Mill dieses Dilemma, weil und solange durch bessere Bezahlung der Begabteren bessere Bedingungen für alle geschaffen werden. Jedenfalls kommt auf diese Weise ein zweites Kriterium für die Gerechtigkeit zur Gleichheit hinzu, von der man eben nur abweichen darf, wenn es das Gemeinwohl erfordert. Soziale Ungleichheit, für die sich keine Rechtfertigung durch den allgemeinen Nutzen gibt, wird zur Ungerechtigkeit.[168]

In jedem Fall ist Gerechtigkeit „der Name für eine Reihe moralischer Regeln, die für das menschliche Wohlergehen unmittelbar bestimmend und deshalb unbedingter verpflichtend sind als alle anderen Regeln des praktischen Handelns".

Teile der Gerechtigkeit, wie sie sich aus dem Nützlichkeitsprinzip ergeben, sind für Mill der Schutz vor Schädigung durch andere mittels der Strafe, denn „auf Sicherheit kann ein Mensch unmöglich verzichten". Ferner gehören elementare Prinzipien dazu wie distributive und kommutative Gerechtigkeit – jedem nach seinen Verdiensten – Gutes mit Gutem vergelten – Übel durch Übel bestrafen – berechtigte Erwartungen nicht enttäuschen, außerdem Aufrichtigkeit. Schließlich bedarf es der „Ausführungsbestimmungen":

> „Die meisten Gerechtigkeitsgrundsätze, die man in der Welt antrifft und auf die man sich gemeinhin beruft, dienen lediglich der Durchsetzung jener Prinzipien."[169]

So darf es Strafe nur bei Verantwortlichkeit geben, die Strafbemessung soll proportional erfolgen.

Die oberste der richterlichen Tugenden ist die Unparteilichkeit und die Gesellschaft soll alle gleichbehandeln. Diese beiden Prinzipien sind auch unmittelbarer Bestandteil des Nützlichkeitsprinzips, das ohne sie „eine Folge bedeutungsloser Worte" wäre.[170] Wie findet dies Anwendung auf die Gendergerechtigkeit, eine damals wie heute schwierige Thematik?

Wendet Mill seine Theorie auch konkret an, z. B. gegen die Unterdrückung der Frauen?

Mills Schrift *The Subjection of Women*,[171] erst 1869 publiziert, wurde wohl bereits 1861 geschrieben, als *Utilitarianism* erschien. Mill bestreitet in seiner Schrift, dass die angebliche empirische Evidenz, mit der seine Gegner die Unterdrückung der Frauen rechtfertigten, irgendetwas mit der Natur der

---

168 Mill, 2006, 189
169 Ebd. 183.
170 Ebd. 185.
171 John Stuart Mill, *The Subjection of Women*, in: id. Three Essays, Oxford 1985, 427–548.

beiden Geschlechter zu tun hätte, da man bisher keinerlei Erfahrung mit der wirklichen Natur habe gewinnen können, etwa durch hierarchiefreie Erziehung.[172] Mill wurde wegen seiner Überzeugung von der prinzipiellen Gleichheit der Geschlechter heftig kritisiert.

Mills Schrift besteht wesentlich in einer Klage über die desolate rechtliche und soziale Situation der Frauen im England seiner Zeit, die kein Recht auf Eigentum hatten, ja nicht einmal auf die Vormundschaft über ihre Kinder.[173] Mill geißelt dies als primitive Art der Sklaverei und fordert u. a. gleichen Zugang zu den Wahlen und gleiche Bezahlung für gleiche Arbeit, wobei er nochmals die Kompetenzen der Frauen unterstreicht.[174] Das Wahlrecht für Frauen, das er 20.5.1867 in einer Rede im englischen Parlament forderte, wurde erst 1918 in England für Frauen über 30 eingeführt, da man die jüngeren Frauen für zu leichtsinnig hielt (bis 1928). Bekanntlich ist eine echte Gleichstellung noch immer nicht erreicht.

Die letzte Begründung für seinen Einsatz leitet Mill aus dem Nützlichkeitsprinzip her:

> „Every restraint on the freedom of conduct of any of their human fellow creatures ... dries up pro tanto the principal fountain of human happiness, and leaves the species less rich, to an inappreciable degree, in all that makes life valuable to the individual being."[175]

Jede Beschränkung der Freiheit zur Lebensgestaltung welcher Mitmenschen auch immer ... trocknet im selben Maß die wichtigste Quelle menschlichen Glücks aus und nimmt der Spezies in unannehmbaren Maß den Reichtum an Allem, was das Leben für die Einzelnen wertvoll macht.

Was macht Henry Sidgwick theoretisch anders?

Sidgwicks zentrales Werk zur Ethik ist zweifellos *The Methods of Ethics*, das zuerst 1874 und bereits in siebter Auflage 1901 erschien, vom Autor jeweils den Erfordernissen der Zeit angepasst. Lange Zeit wurde sein Werk von angelsächsischen Philosophen als „helles, weißes Licht" gefeiert, geriet jedoch auch in den englischsprachigen Ländern etwas in Vergessenheit, bis

---

172 Ebd. 452–460.
173 Ebd. chap. II.
174 Ebd. chap. III.
175 Ebd. 548.

zu Jerome Schneewinds (*1930) 1977 erschienener Publikation *Sidgwick's Ethics and Victorian Moral Philosophy.*

Auch Sidgwick definiert Utilitarismus, den er auch „universellen Hedonismus" nennt, als die Theorie, „derzufolge dasjenige Verhalten unter allen Umständen objektiv richtig ist, das aufs Ganze die Größte Summe an Glück hervorbringt, das heißt, wenn man alle berücksichtigt, deren Glück durch das Verhalten beeinflusst wird".[176]

Das Verhältnis zwischen Selbstinteresse und Altruismus ist das zentrale Thema von Sidgwicks Moralphilosophie. Selbst wenn man berücksichtige, dass eine wohltätige, auf das Glück von anderen gerichtete Handlung auch dem Handelnden Freude gibt, so überwiegt laut Sidgwick doch oft auch das Leid, das wir durch unser Mitgefühl mit den anderen Menschen teilen. Manchmal fordert das Moralischsein auch Dinge von uns, die gewiss kein Vergnügen mehr bereiten. Dennoch, so Sidgwick, können wir beobachten, dass Menschen sich immer wieder in aufopfernder Weise verhalten.

Die einzige Möglichkeit, dies zu erklären und dieses Verhalten auch als richtig anzusehen, die einzige Möglichkeit also, Mills Theorie kohärent zu machen, sei der Rückgriff auf eine fundamentale moralische Intuition. Sidgwick wusste sehr gut, dass er damit Mills moralischer Konzeption, seiner gesamten Ethik zuwider argumentierte, hielt dies aber für unerlässlich.

Allerdings sollten Intuitionen im höchsten Grade einsichtig und selbst-evident sein. Sie sollten klar und präzise sein, ihre Selbstevidenz durch sorgfältige Reflexion bestätigt werden. Sie sollen einander nicht widersprechen und die Zurückweisung durch einen anderen Menschen mein Vertrauen in ihre Gültigkeit schwächen, weil die Wahrheit dieselbe in allen Menschen ist.[177]

Die fundamentalen Prinzipien dieses Intuitionismus sind die selbstevidenten Axiome der Klugheit, des Egoismus, der Gerechtigkeit und des vernünftigen Wohlwollens.

Das Prinzip der Gerechtigkeit besagt, dass eine Ungleichbehandlung falsch ist, wenn „keine Unterschiede in den Naturen und den Umständen festzustellen sind, die eine unterschiedliche Behandlung rechtfertigen".[178] Sidgwick

176 Sidgwick, 1874, 411.
177 Ebd. 338–342.
178 Ebd. 387.

glaubt, aus diesen Prinzipien ein vollständiges universelles utilitaristisches System ableiten zu können.

Er scheint bei den Menschen so etwas wie eine natürliche Neigung zum Guten anzunehmen. Doch betont er, dass es sich dabei nicht etwa um bloße „impressions and impulses handelt", sondern um objektive und evidente Prinzipien. Menschen seien eben in der Lage, nicht nur die eigene, sondern auch die Perspektive anderer einzunehmen. Allerdings gesteht er zu, dass ich um mein Wohl und die Qualität meiner Existenz in einer fundamental anderen Weise besorgt bin als um die der anderen. Diese fortwährende Bemühung um das zentrale Problem ethischer Theorie scheint Sidwicks Verdienst um die Ethik darzustellen.

Welche sozialen Implikationen hat Sidgwicks Ansatz?

Wesentlich problematischer ist sein Versuch, die utilitaristische Ethik in den viktorianischen Moralkodex zu pressen. Das Vehikel dazu ist die Überlegung, dass wir ja nicht ständig die handlungsutilitaristischen Maximierungsüberlegungen anstellen können, sondern Hilfe bei gebräuchlichen Regeln holen müssen. Das Problem der „mittleren Axiome", der Tugenden, die wir laut Sidgwick benutzen, um die Menschen an moralische Forderungen anzupassen, liegt jedoch darin, dass sie nicht immer mit dem utilitaristischen Prinzip zusammenpassen.

Sidgwick hält die *mores,* die Sitten der Gesellschaft, wenn schon nicht für eine göttliche Offenbarung, so doch für etwas Bewunderungswürdiges und ist bereit, dafür etwa die von Mill in *On Liberty* formulierten Grundsätze individueller Freiheit aufzugeben. Diese entsprächen in seiner Sicht nicht dem *common sense*, weil sie sexuell unmoralisches Verhalten von unabhängigen und unverheirateten Erwachsenen nicht der Zensur unterwerfen.[179]

Veränderungen, auch solche im Sinne des Nützlichkeitsprinzips, hielt er in den seltensten Fällen für angemessen; meistens sind sie seiner Ansicht nach zu subtil und zu komplex, um von der breiten Masse verstanden und als Regel akzeptiert zu werden. Moralische Reflexion ist in Sidgwicks Denkweise eine Angelegenheit für eine kleine Elite hochrationaler und überlegter Individuen. Die gedankenlosen Massen sollten zum blinden Gehorsam gegenüber dem moralischen Gesetz erzogen werden, weil sie sonst glauben

179 Ebd. 482.

könnten, sich bei Bedarf jeweils ein neues Gesetz zimmern zu können. Eine derartige Moralkonzeption verhindert letztlich den moralischen Fortschritt einer Gesellschaft, der sich einer Hoffnung auf die Einsichtsfähigkeit ihrer Mitglieder verdankt.

Wieso unterscheidet man Regel- und Handlungsutilitarismus?

In den ersten Jahrzehnten des 20. Jahrhunderts trat der Utilitarismus aus verschiedenen Gründen in den Hintergrund. Im Jahr 1936 publizierte dann R.F.Harrod (*1900; †1978), ein Ökonom aus Oxford, einen Aufsatz mit dem Titel *Utilitarianism revised*,[180] in welchem er die Konflikte des Utilitarismus mit dem „allgemeinen Moralbewusstsein" darauf zurückführte, dass der Utilitarismus zu wenig berücksichtige, wie wir ganze Typen von Handlungen für gut oder schlecht erachten. Er forderte eine „kantianische Wende" des Utilitarismus, weil Moralität eben das Handeln nach Maximen erfordere, die ein allgemeines Gesetz werden könnten. So mag es im Einzelfall im Hinblick auf die Folgen richtig sein zu lügen, doch würden die negativen Folgen eines generellen Verzichts auf die Forderung nach Aufrichtigkeit diesen Vorteil bei weitem überwiegen. An diese Überlegungen schloss sich die Formulierung des sog. Regelutilitarismus an, der sich genau besehen bereits bei John Stuart Mill findet. Man betont die Vorteile einer Gesellschaft, in der sich die Individuen infolge der Geltung allgemeiner Regeln aufeinander verlassen können.

Dem hielten Handlungsutilitaristen, welche allgemeine Regeln eher als vorläufige Orientierung denn als verbindliche Norm akzeptieren, entgegen, die Resultate seien für beide Arten des Utilitarismus weitgehend gleich und der Utilitarismus habe es nicht nötig, sich kantianischer Prinzipien zu bedienen. Man sprach von Regelfetischismus. Die Debatte führte zu einer Differenzierung von Formen des Regelutilitarismus. Je nachdem, ob man einen *idealistischen Regelutilitarismus* vertritt, der auf Regeln rekurriert, deren generelle Akzeptanz die Nützlichkeit maximieren würde, oder einen *faktenorientierten*, der noch die Zusatzbedingung stellt, dass die Regeln in der relevanten Gruppe akzeptiert sein müssen, oder einen *bedingten*, bei dem die Regeln modifiziert werden, wenn ihre Beachtung schlimme Folgen

---

180 R.F. Harrod, *Utilitarianism revised*, in: Mind 178, 1936, 137–156.

hätte, kommt man eher in die Nähe kantianischer oder aber handlungsutilitaristischer Positionen.[181]

Da es nicht möglich ist, vollständige, alle möglichen Fälle vorhersehende Regeln zu formulieren, band man ihre Geltung mit einer sog. ceteris-paribus-Klausel an die Gleichheit der Rahmenbedingungen, die sich eben ändern, wenn wir lügen müssen, um ein Leben zu retten. Damit bleibt es ein Problem des Regelutilitarismus, dass er nicht zu einem einheitlichen Bewertungskriterium für Handlungen findet, wenn hinsichtlich der Folgen eigentlich Handlung A richtig wäre, jedoch die Einhaltung der Regel gerade Handlung B gebietet. Allerdings gibt es keine Ethik, die nicht im problematischen Einzelfall auf die Urteilskraft der Handelnden angewiesen wäre.

Wie argumentiert ein typischer Handlungsutilitarist?

Als paradigmatischer Vertreter des Handlungsutilitarismus kann der lange Zeit in Australien tätige John J.C. Smart gelten.[182] Sein Anspruch ist explizit, „Sidgwick in a modern dress“ zu präsentieren. Während Sidgwick den moralischen Intuitionen Erkenntniswert zuschreibt, folgt Smart non-kognitivistischen Ethikern wie Hare, die moralische Überzeugungen als Gefühlsäußerungen verstehen und nur Widerspruchsfreiheit fordern: “'Boo to snakes' is consistent with 'Boo to reptiles' and inconsistent with 'Hurrah for reptiles'“. Die utilitaristische Ethikerin im Stile Smarts appelliert an einige grundlegende moralische Einstellungen, die sie mit denen teilt, an die sie ihre Argumentation richtet und die sich unter dem Begriff „verallgemeinertes Wohlwollen“ zusammenfassen lassen. Verallgemeinertes Wohlwollen findet sich, so Smart, gewiss in jeder Gruppe, mit der es sich über ethische Fragen zu diskutieren lohnt.

Smart definiert den Handlungs-Utilitarismus als ungefähr die Ansicht, dass die Richtigkeit oder Falschheit einer Handlung sich nur durch das aufs Ganze gesehen Gut- oder Schlechtsein ihrer Folgen bestimmt, d. h. von der Wirkung der Handlung auf das Wohlergehen aller Betroffenen.

Er unterscheidet zwischen hedonistischem und idealem Utilitarismus, was seiner Ansicht nach allerdings erst in hypothetischen Spezialfällen relevant wird, etwa wenn es eine Lustmaschine gäbe, mit der wir unser

---

181 Scarre 1996.

182 J.J.C.Smart, *An outline of a system of utilitarian ethics*, in: J.J.C. Smart & Bernard Williams, Utilitarianism. For & Against, Cambridge 1973, 3–74.

Belohnungszentrum im Gehirn durch Elektroden direkt stimulieren können. Für Hedonisten im Sinne Smarts wäre eine Welt mit flächendeckender Versorgung durch derartige Geräte oder Terminals das Paradies auf Erden, solange die Menschen dadurch nicht an ihren übrigen Tätigkeiten gehindert werden. Ein idealer Utilitarist wie Moore, für den z. B. Wissen einen intrinsischen Wert haben kann, auch wenn es keine Lust bereitet, wäre damit jedoch nicht zufrieden. Laut Smart gehört zum Glück (happiness) für uns Menschen über die Lust hinaus auch so etwas wie Zufriedenheit über längere Zeit hinweg, die durch eine solche Maschine nicht geliefert würde. Ein Hedonist im Sinne Epikurs würde indessen die Rolle geistiger, langfristiger Freuden und des Wissens hervorheben, weil es ihn teilweise vor überraschenden Schmerzen und Problemen schützen kann.

Generell, so Smart, hat der Handlungsutilitarist nicht das Geringste dagegen, Regeln zu formulieren und in der weitaus größten Zahl aller Fälle auch zu befolgen. Er zweifelt eben daran, dass man Regeln so formulieren kann, dass garantiert keine Fälle auftreten, in denen ihre Befolgung moralisch falsch wäre. Da würden ihm die meisten Ethiker:innen, vielleicht mit Ausnahme einiger Radikalkantianer:innen, zustimmen. Das Problem liegt darin, dass mit seiner Form des Handlungsutilitarismus die Opferung unschuldiger Menschen legitim wäre, sobald damit größeres Leid verhindert würde, etwas, das sowohl Bentham, als auch Mill und folgende Utilitaristen immer wieder abgestritten haben.

Was kennzeichnet Singers Präferenzutilitarismus?

Peter Singer bietet in seinem Werk „Praktische Ethik“[183] einen weiteren utilitaristischen Ansatz, den er selbst als nicht-klassisch bezeichnet. Nachdem er hervorgehoben hat, die Ethik sei „kein System von kurzen und einfachen Regeln“ wie „lüg nicht“, „stiehl nicht“, „töte nicht“, nachdem er ferner Ethik als nicht von Religionen abhängig reklamiert und den Relativismus zurückgewiesen hat, weil er moralische Reformen nicht erklären könne, macht er sich an die Erklärung dessen, was Moralisches von Unmoralischem trennt. Hier sieht er als verbindendes Element sämtlicher Ethik-Versionen,

183 Peter Singer, *Praktische Ethik*, Stuttgart 1984, die Zitate in diesem Abschnitt stammen von 20–25; *Practical Ethics*, Cambridge 1979.

dass nach moralischen Maßstäben eine Rechtfertigung von Handlungen ausschließlich in Termini des Eigeninteresses nicht ausreicht.

In einem vormoralischen Stadium wäre „nur das je eigene Interesse für die Entscheidung“ zwischen zwei Handlungsverläufen relevant, sofern wir ‚Interessen‘ „weit genug definieren, so dass wir alles, was Menschen wünschen“, als ihre Interessen auffassen. Wenn ich hingegen moralisch denke, habe ich „die Interessen aller zu berücksichtigen, die von meiner Handlung betroffen sind … Also muss ich den Handlungsverlauf wählen, der per saldo für alle Betroffenen die besten Konsequenzen hat.“

Vom klassischen Utilitarismus unterscheidet sich diese Auffassung laut Singer dadurch, dass nicht die Lust, sondern die Interessen im Mittelpunkt stehen. Innovativ ist, dass hier jener „Zwischenschritt“ benannt wird, wegen dessen Auslassung man Mill und Bentham immer wieder den naturalistischen Fehlschluss vorwirft: Unsere moralischen Abwägungen können sich nicht auf völlig andere Lebensbereiche beziehen als unsere außermoralischen Erwägungen, wir verlassen nur den partikularen Standpunkt, was ja auch die klassischen Utilitaristen tun, ohne es in dieser Form zu sagen.

Der Vorteil des Utilitarismus gegenüber anderen universalistischen Entwürfen besteht laut Singer darin, dass wir „rasch zu einer anfänglich utilitaristischen Position gelangen, wenn wir den universalen Aspekt einmal auf einfache vormoralische Entscheidungsprozesse anwenden“. Damit erhalten diejenigen Ethikkonzepte die Beweislast aufgebürdet, „die über den Utilitarismus hinauszugehen trachten“.

Welche Rolle spielt die Gleichheit bei Singer?

Durch die zentrale Rolle der Universalisierung spielt naturgemäß die Frage der Gleichheit der von der Handlung Betroffenen eine Rolle. Da seit Aristoteles Gerechtigkeit darin besteht, Gleiches gleich und Ungleiches ungleich zu behandeln, wird entscheidend, welche Gleichheiten wir als relevant ansehen wollen und welche nicht.

Gleichheit, so Singer lässt sich nicht durch Hinweis auf Fähigkeiten oder Eigenschaften aller Menschen oder aller Betroffenen begründen, da diese Fähigkeiten sehr verschieden sein können. „Gleichheit ist ein grundlegendes moralisches Prinzip, nicht eine Tatsachenbehauptung. ... ein grundlegendes Prinzip der Gleichheit [ist] das Prinzip der gleichen Erwägung von Interessen."[184]

Dies ist nun keineswegs immer mit strikter Gleichbehandlung verbunden. Im Gegenteil, um ein Beispiel Singers zu benutzen, verletzt ein Notarzt, der bei einem schweren Unfall nur noch zwei Morphiumspritzen zur Verfügung hat und beide einem Schwerstverletzten gibt, anstatt sie gleichmäßig auf ihn und einen wesentlich weniger stark Betroffenen zu verteilen, gerade nicht das Prinzip gleicher Interessenabwägung. Wichtig ist, dass moralisch irrelevante Kriterien wie Geschlecht, Hautfarbe, sogar Intelligenz und für Singer auch mit Nachdruck die Spezieszugehörigkeit ausgeklammert bleiben.

Singer löst also die moralische Berücksichtigung von kontingenten, natürlichen Gegebenheiten und bindet sie an bestimmte Fähigkeiten. Dazu gehört zum einen wie bei Bentham und anderen Utilitaristen die Leidensfähigkeit. Deshalb haben auch Tiere einen Anspruch auf moralische Berücksichtigung, darauf, dass man ihnen unnötiges Leid erspart. Das andere Kriterium ist der Personenstatus, durch den die Betroffenen Schutz vor Tötung genießen, da ein bewusstes Wesen, das in der Lage ist, sich zu erkennen und Pläne für die Zukunft zu machen, einen Anspruch darauf hat, in diesen Plänen nicht frustriert zu werden. Heftige Kritik entwickelte sich daraus, dass Singer diesen Personenstatus einigen hochentwickelten Säugetieren zugesteht, einigen Menschen, Föten, Neugeborenen, geistig Schwerstbehinderten jedoch abspricht, denen er entsprechend den Schutz vor Tötung entzieht.[185]

184 Ebd. 32.
185 Ebd. 109–128.

Welches sind die üblichen Einwände gegen den Utilitarismus? Und sind sie berechtigt?

- Es dürfte klar geworden sein, dass die in diversen Publikationen immer noch vorzufindende Verbindung von Utilitarismus und Eigennutz nichts mit der utilitaristischen Ethik zu tun hat – in keiner ihrer Varianten.
- Ein ernsteres Problem ist, dass es keinen einheitlichen Begriff von Glück oder gar Lust gibt, der eine zuverlässige Quantifizierung gestatten würde, auch dann nicht, wenn man wie bei Singer die Präferenzen der Betroffenen hinzufügt, da sie sich ja sogar über ihre „wahren" Wünsche täuschen können, erst recht nicht, wenn man mit Mill eine nicht nur quantitative, sondern qualitative Hierarchisierung der Lust veranschlagt. Allerdings wird in den meisten politischen oder ökonomischen Theorien, die sich mit dem Gemeinwohl befassen, irgendwie quantifiziert, häufig wird über die Kriterien gestritten.
- Bei der bloßen Aufsummierung und Maximierung der Gesamtlust, des Gesamtnutzens etc. – wie beim größten Glück der größten Zahl – können Einzelne oder Minderheiten auf der Strecke bleiben. Diesem Vorwurf versuchen die Utilitaristen von Beginn an entgegenzutreten, wie gezeigt wurde. Ob dies systematisch mit Erfolg geschieht, ist noch immer nicht entschieden.
- Von John Leslie Mackie kommt der Einwand, der Utilitarismus überfordere die Menschen intellektuell und moralisch. Auch dies könnte für die meisten Varianten der Ethik zutreffen.[186]

Gab es markante Weiterentwicklungen universalistischer Ethikkonzeptionen?

Wie in allen Bereichen der Philosophie gab es auch über die universalistischen Ethikkonzeptionen intensive, teils sehr kritische Auseinandersetzungen und diverse Präzisierungs- bzw. Ergänzungsversuche. Davon seien zwei hier kurz skizziert, da sie oder jedenfalls einige ihrer Protagonisten sich als besonders einflussreich erwiesen haben.

Dies ist erstens John Rawls' Konzeption der *Gerechtigkeit als Fairness.* Diese gehört vielleicht eher in die politische Theorie als in die Ethik im

186 Eine detaillierte Erläuterung dieser Kritikpunkte findet sich bei Christoph Horn, *Einführung in die Moralphilosophie*, 127–136.

engeren Sinn, da sie Gerechtigkeit als eine Eigenschaft von Institutionen, nicht von Menschen oder Handlungen in den Mittelpunkt rückt. Doch wurde Rawls seit der Publikation seines Hauptwerks Anfang der siebziger Jahre noch zum meistzitierten Philosophen in der zweiten Hälfte des zwanzigsten Jahrhunderts und seine Reflexionen wurden auch im Kontext ethischer Debatten rezipiert, zumal sie in gewissem Maße eine Verbindung kantianischer und utilitaristischer Ansätze enthalten.

Zweitens wurde und wird die *Diskursethik* von wichtigen und einflussreichen Persönlichkeiten wie Karl-Otto Apel (*1922; †2017), Jürgen Habermas (*1929), Seyla Benhabib (*1950) und Rainer Forst (*1964) vertreten und fügte der ethischen und politiktheoretischen Diskussion wichtige Aspekte hinzu, auch wenn einige Vertreter:innen sie mit vermutlich uneinholbaren Ansprüchen einer „Letztbegründung" überfrachteten.

Wie „funktioniert" Rawls' Theorie der Gerechtigkeit?

Rawls' rehabilitiert in seinem 1971 publizierten Werk *A Theory of Justice*, das in kürzester Zeit zum Klassiker aufstieg,[187] ein Stück weit die sog. Vertragstheorie. Diese war traditionell eher Gegenstand der politischen Philosophie als der Ethik und galt nach ihrer Blütezeit im 17. und 18. Jahrhundert seit der ersten Hälfte des 19. Jahrhunderts als allenfalls historisch interessantes Stück Theoriegeschichte. Rawls' Weg zur Bestimmung der Gerechtigkeit trug durch seine Kritik am in seinem theoretischen Umfeld dominanten Utilitarismus zu einer Wiederbelebung des Interesses an Kant im angelsächsischen Sprachraum bei. Seine Konzeption von Gerechtigkeit als Eigenschaft von Institutionen hindert Rawls keineswegs an Überlegungen zu Fragen des tugendhaften und geglückten menschlichen Lebens, nur gehören diese nach seiner Auffassung zur Konzeption des *Guten*, die er als Angelegenheit individueller, weltanschaulich bestimmter Entscheidung vom *Rechten* als für die gesamte Gesellschaft verbindlicher Norm unterscheidet.

Als methodisches Hilfsmittel zur Bestimmung der Gerechtigkeit bedient sich Rawls eines hypothetischen „Urzustandes" (original position), aus welchem heraus die Menschen im Zustand der Gleichheit über die gerechte Ordnung einer Gesellschaft entscheiden, ohne zu wissen, welchen Platz sie

---

187 John Rawls, *Eine Theorie der Gerechtigkeit*, Frankfurt/M. 1975; *A Theory of Justice*, Oxford 1972; *Gerechtigkeit als Fairness*, Frankfurt/M. 2003.

in der eingerichteten Gesellschaft einnehmen werden. Sie wissen nichts über ihren sozialen Status, nichts über ihren Besitz, aber auch nichts über ihre Fähigkeiten, ihre Vorlieben, ihre besonderen Bedürfnisse. Sie besitzen im Urzustand alle etwa dieselben rationalen Fähigkeiten und sind am Schicksal ihrer Mitmenschen weitgehend desinteressiert.[188] Sie wissen, dass sie eine vernünftige Auffassung vom Guten haben, aber nicht welche.

Gerecht sind Verhältnisse, die jedes Mitglied der Gesellschaft hinter diesem Schleier des Nichtwissens (veil of ignorance) – also ohne Kenntnis des eigenen Standorts – akzeptieren und damit einem entsprechenden Gesellschaftsvertrag zustimmen kann.[189] Man erkennt an diesem Modell eine Verallgemeinerung und Präzisierung der alten Anekdote, wonach ein Vater das Erbe unter seine beiden misstrauischen Söhne gerecht aufteilte, indem der den einen beauftragte, den Besitz in zwei nach seiner Auffassung gleiche Hälften zu teilen und dem anderen die Wahl überließ. Durch die Annahme gleicher Rationalität und gegenseitigen Desinteresses sollen u. a. Entscheidungen aus Neid ausgeschlossen werden.

Rawls nennt zwei Prinzipien, durch welche die Gerechtigkeit einer politischen Ordnung gewährleistet werden kann, die von den Menschen im Urzustand seiner Ansicht nach gewählt würden. Erstens muss jeder und jede die größtmögliche Freiheit haben, die sich mit der Freiheit der anderen vereinbaren lässt.[190] Zweitens können ungleiche Güterverteilungen insofern akzeptiert werden, wie sie auch diejenigen, die dabei am schlechtesten wegkommen, langfristig besserstellen als es ihnen bei einer Gleichverteilung erginge (Differenzprinzip). Die gleichen Zugangsmöglichkeiten zu politischen Ämtern müssen stets gewährleistet bleiben (ebd.).[191] Trotz einer geradezu plakativen Abkehr vom Utilitarismus unternimmt Rawls hier eine Verbindung kantischer und utilitaristischer Grundsätze: Das erste Prinzip ähnelt stark Kants Definition des Rechts in seiner Metaphysik der Sitten. Bei Mill findet sich, wie oben erwähnt, quasi parallel zum Differenzprinzip der Gedanke, Abweichungen von der Gleichheit seien nur akzeptabel, wenn sie dem Allgemeinwohl dienen.

Wichtig, weil oft missverstanden ist hier, dass Rawls keineswegs nur materielle Güter einbezieht, sondern von einem gewissen Grundbestand an

---

188 Rawls, *Eine Theorie der Gerechtigkeit*, § 4, §§ 20–30.
189 Ebd. § 24f.
190 Rawls § 11.
191 Ebd. § 11.

Dingen ausgeht, bei denen im Normalfall jede und jeder den Besitz dem Nicht-Besitz vorzieht. Dazu gehören auch das Leben, die Gesundheit, ein gutes Selbstwertgefühl etc..[192]

Wie man sieht, geht es bei Rawls auch um die Verhältnisbestimmung von Freiheit und Gerechtigkeit der Güterverteilung. Im Mittelpunkt steht die Sicherung der individuellen Freiheit und der politischen Gleichheit, darüber hinaus der demokratischen Gleichheit, die er von der ökonomischen Chancengleichheit nochmals insofern unterscheidet, als nicht nur soziale Benachteiligungen von der Gesellschaft auszugleichen sind, sondern auch Nachteile in der „Lotterie der Natur".

Literaturtipps

John Rawls, *A Theory of Justice*, Oxford 1972, deutsch: Eine Theorie der Gerechtigkeit, Frankfurt/M. 1975.

ders., *Political Liberalism*, New York 1996.

ders., *Gerechtigkeit als Fairness*, Frankfurt/M. 2003.

Wie geht die Diskursethik vor?

Die Diskursethik bewegt sich, ähnlich wie John Rawls, sowohl im Bereich der Ethik im strikten Sinn als auch in dem der politischen Philosophie und Rechtsphilosophie. Sie differenziert zwar nicht zwischen dem Rechten und dem Guten, aber in ähnlicher Weise zwischen den Forderungen der Moral, die alle Menschen einander wechselseitig schulden, und dem Ethos, das ihren persönlichen, auch durch weltanschauliche Elemente mitbestimmten Weg zum guten Leben regelt.[193]

---

192 Ebd. § 15.

193 Dietrich Böhler, *Transzendentalpragmatik und kritische Moral. Über die Möglichkeit und die moralische Bedeutung einer Selbstaufklärung der Vernunft*, in: Böhler/ Kuhlmann (Hg.), Kommunikation und Reflexion: Antworten auf Karl-Otto Apel. Frankfurt/M. 1982, 83–123, 93; Wolfgang Kuhlmann, *Reflexive Letztbegründung*, Freiburg/München 1985, 83ff.; über die „Strafe des p.S." vgl. K. O. Apel, *Ist die transzendentalpragmatische Konzeption der Diskursrationalität eine Unterbestimmung der Vernunft?*, in: Kolmer/Korten (Hg.), Grenzbestimmungen der Vernunft: philosophische Beiträge zur Rationalitätsdebatte; zum 60. Geburtstag von Hans Michael Baumgartner, Freiburg/München 1994, 77–101, 83.

Im ethischen Kontext stellt der Diskursethik zufolge die Tatsache, dass man sich an der Diskussion um ethische Fragen, überhaupt an einem Diskurs beteiligt, einen unhintergehbaren und letztbegründenden Verpflichtungsgrund dar. Mit dieser Beteiligung an der Diskussion hat man erstens bestimmten Rationalitätsstandards zugestimmt und zweitens die Person, mit der man den Diskurs führt, auch bereits als solche, d. h. als zu freier, verantwortlicher Entscheidung fähige, dazu gleichberechtigte Quelle eines möglicherweise vernünftigen Argumentes anerkannt. Wer sich am Diskurs beteiligt, ohne dieser Verpflichtung Folge zu leisten, begeht einen performativen Selbstwiderspruch und disqualifiziert sich damit als Diskussionspartner:in.

Moralische Fragen werden idealerweise von Personen, die sich wechselseitig als solche anerkennen, in einem herrschaftsfreien und leidenschaftslosen rationalen Diskurs geklärt. In politischen Streitfragen bleibt es entscheidend, dass trotz allen Dissenses, der möglicherweise auch keine Toleranz gegenüber den Verhaltensweisen einiger Beteiligter mehr gestattet, doch niemandem dieser Status als berücksichtigungsfähige Person abgesprochen wird.

Literaturtipps

Karl Otto Apel, *Transformation der Philosophie, Bd. II. Das Apriori der Kommunikationsgemeinschaft*, Frankfurt/M. [4]1988.

ders., *Diskurs und Verantwortung*, Frankfurt/M. 1992.

Jürgen Habermas, *Moralbewußtsein und kommunikatives Handeln*, Frankfurt/M. 1983.

ders., *Erläuterungen zur Diskursethik*, Frankfurt/M. 1991.

Walter Reese-Schäfer, *Grenzgötter der Moral*, Frankfurt/M. 1997.

Seyla Benhabib, *The claims of culture*, Cambridge 2002.

Rainer Forst, *Kontexte der Gerechtigkeit*, Frankfurt/M. 1996.

Welches sind die Stärken und Schwächen der Diskursethik?

Es gehört gewiss zu den Verdiensten, dieser Art von Ethik, die zentrale Rolle rationaler Argumentation für die Entscheidungsfindung in unterschiedlichen Kontexten hervorzuheben und deren Rahmenbedingungen zu benennen. Es hat sich als der noch am ehesten auf humane Weise praktizierbare Weg moralischer, politischer und rechtlicher Entscheidungsorganisation und der Wahrheitssuche erwiesen, sie an den Diskurs, an das um Rationalität bemühte Gespräch unter Menschen zu binden, nicht an „höhere" Wahrheiten, die den „Ungläubigen" unzugänglich sind, erst recht nicht an bloßen Machtbesitz oder an Stimmungslagen. Da ferner die Fähigkeit zum Diskurs bis zum Beweis des Gegenteils bei den meisten Menschen vermutet werden muss, nachdem sich alle rassistischen, sexistischen und kulturalistischen Ausgrenzungsversuche als auf vielerlei Weise unhaltbar erwiesen haben, entsteht daraus in der Tat die moralische Forderung nach gleicher Anerkennung aller Diskursteilnehmer:innen als Personen. Die Prinzipien, auf denen diese Forderung beruht, dienen als Maßstab für menschliches Verhalten.

Diese Prinzipien und die Bemühung um Wahrheit als a priori *anerkannte* Grundlage jeder, auch der moralisch irrelevanten Kommunikation zu behaupten, scheint deskriptiv falsch und moralisch gesehen eine Belastung unseres Alltags durch überzogene Ansprüche. Umgekehrt verhält sich, wer anderen die Anerkennung als Person verwehrt, auch dann moralisch falsch, wenn dies ohne vorangegangene Kommunikation stattfindet. *Wenn* sich jemand indessen der „auf diskursive Konsensbildung bezogenen Argumentation" gewidmet hat, so erhebt sie tatsächlich den Anspruch auf

a) Verständlichkeit (und Sinn),
b) auf Wahrheit,
c) auf moralische Richtigkeit und
d) auf Wahrhaftigkeit.[194]

Doch bedeutet dies nicht unbedingt, dass sie oder er *meine* Rationalitätskriterien bereits anerkannt hat.

Laut Seyla Benhabib ist es ein Vorzug diskursethischer Methodik, die faktischen Gesprächspartner:innen mit ihren tatsächlichen Positionen an-

---

194 Apel 1992, 83 f. Habermas, *Theorie des kommunikativen Handelns*, Bd. 1, 414.

zuerkennen und in den Diskurs einzubeziehen.[195] Dies kollidiert indessen mit der bei anderen Vertreter:innen dieser Ethik festzustellenden Tendenz, apriorische Rationalitätsbedingungen, „die Regeln des Diskurses" festzulegen und diejenigen, die sie nicht befolgen als „Diskursverweigerer" der Irrationalität und Amoral zu bezichtigen.

Ferner ist der Umgang mit dem Begriff „performativer Selbstwiderspruch" alles andere als logisch unproblematisch. Es gibt gewiss moralisch problematische Selbstwidersprüche, z. B. solche, die wir als Heuchelei bezeichnen. Das gemeinsame Merkmal der Situationen, in denen sich jemand durch Selbstwiderspruch moralisch disqualifiziert, besteht wohl darin, dass sie oder er hohe moralische Kompetenz beansprucht und dann in erheblichem Maß gegen die selbstgesetzten oder zumindest ausdrücklich anerkannten Normen verstößt. Doch wird dabei primär die moralisch verwerfliche Verlogenheit verurteilt, nicht der „logische" Widerspruch.

Eher als die Annahme angeblich apriorisch unveränderlicher Rationalitätsbedingungen ließe sich ein Prinzip offener Rationalität verteidigen, nach dem bestimmte Grundsätze gegen Veränderung eher immun sind als andere, das aber keine absolut unveränderlichen Grundsätze akzeptiert, so dass niemand den Besitz der für alle Zeit gleichen Rationalitätsbedingungen a priori beanspruchen kann. Zu den schwer veränderbaren Grundsätzen gehören solche wie der Satz vom ausgeschlossenen Widerspruch oder die Annahme, dass die Menschen prima facie gleichen Anspruch auf Berücksichtigung haben, dass es gelte, das Gute zu suchen, oder auch andere moralische Grundintuitionen, wie der Gedanke vom fairen Tausch, aber auch der distributiven Gerechtigkeit.

Wenn sich die Aufgabe einiger Elemente unseres Überzeugungsnetzwerks, unseres *web of belief*, nach unseren jetzigen Erkenntnissen für unsere Rationalität katastrophal auswirken würde und wir sie daher engagierter verteidigen, so ist dies stets nur der gegenwärtige Stand der rationalen Rechtfertigbarkeit. Es bedürfte sehr starker Gründe, diese Elemente aufzugeben. Wir können nicht a priori wissen, welcher Gestalt die Argumente sein können, die uns eventuell zur Aufgabe anscheinend eherner Denkgesetze bewegen könnten. Solange sie nicht auftreten, können wir diese Denkgesetze munter weiterbenutzen.

---

195 Benhabib 2002, 14f.

5 Die Angewandte Ethik und ihre Formen

Dieses Kapitel widmet sich der Angewandten Ethik und nimmt aktuelle und etwas ältere moralische Debatten in den Blick. Im Fokus steht unter anderem die medizinische Ethik mit den ihr innewohnenden moralischen Konflikten bezüglich Sterbehilfe, Abtreibung, dem Umgang mit Frühembryonen und der Humangenetik. Auch die Tierethik und ökologische Ethik werden diskutiert. In diesem Zusammenhang legt das Kapitel außerdem ein besonderes Augenmerk auf die Definition des Personenbegriffes, dem im Hinblick auf diese Debatten eine wichtige Rolle zukommt. Letztlich beleuchtet es noch ethische Probleme im Kontext der Technik.

Was ist Angewandte Ethik, welche Formen gibt es?

Lange Zeit, etwa im Mittelalter und der frühen Neuzeit, war die moralische Reflexion über eher konkrete Fragen bis hin zu Einzelfällen eine Angelegenheit der sog. Kasuistik, die von Theologen, Naturrechtlern und Juristen betrieben wurde. Dies geschah oft in Form subtiler Differenzierungen und Abwägungen, die bestimmte Problemfelder zu klären halfen – durchaus wiederum unter Erstellung allgemeinerer Kriterien – von denen manche bis heute ihre Relevanz bewahrt haben. Als ein Beispiel sei das Prinzip der Doppelwirkung (principium duplex effectus) genannt, das auf Thomas von Aquins Umgang mit der Frage, ob es erlaubt sein könne, in Notwehr einen Menschen zu töten (Summa Theologiae II-II q. 64 art. 7), zurückgeht und bis heute Anwendung findet. Das Prinzip der Doppelwirkung besagt, dass Handlungen erlaubt sind, die (1) moralisch gut oder wenigstens indifferent sind, bei denen (2) die gute Wirkung beabsichtigt, die schlechte nur in Kauf genommen wird, (3) die schlechte Wirkung kein Mittel zum Erreichen der guten ist, sondern sich höchstens zugleich mit der guten ergibt und (4) das zu erwartende Übel durch einen angemessen schwerwiegenden Grund aufgewogen wird. Man greift auf dieses Prinzip bei der Differenzierung zwischen aktiver und indirekter Sterbehilfe zurück, etwa mit der Frage, ob eine Gabe von Opioiden der Schmerzlinderung diente und der Tod der Patientin oder des Patienten in Kauf genommen wurde, oder ob der Tod der betroffenen Person das Ziel der Handlung war, aber auch bei Fragen wie der, ob Kollateralschäden bei Bombardements entschuldigt werden können.[196]

Da kasuistische Methoden in der Ethik im Laufe der Neuzeit in Verdacht gerieten, nur Staffage für parteiliche Stellungnahmen zu sein, entwickelte sich das in Kap. 4 skizzierte Ethikverständnis, bei dem sich aus einem allgemeinsten, allgemein einsichtigen Prinzip die Antworten auf die konkreten Einzelfragen ableiten lassen sollen. Diese Ableitungen erwiesen sich als strittiger als ursprünglich angenommen, als sich im Lauf des 20. Jahrhunderts Probleme der medizinischen Ethik, speziell am Anfang

196 Thomas von Aquin, *Summa Theologiae II-II*, q. 64, art. 7; *Doctrine of Double Effect*, in: Stanford Encyclopedia of Philosophy, https://plato.stanford.edu/entries/double-effect/; Judith Bader, *Die Lehre von der Doppelwirkung und ihre Bedeutung für die Medizinethik*, in: Joerden/Neumann (Hg.), Medizinethik in Ostmitteleuropa 3, 2001; Jan Joerden, *Zurechnungsprobleme bei Gruppen und Kollektiven*, in: Matthias Kaufmann/Joachim Renzikowski, Zurechnung als Operationalisierung von Verantwortung, Frankfurt/M. 2004, 135–146.

und am Ende des Lebens auftaten, aber auch Fragen nach der Berechtigung diverser Techniken und nach unserem Umgang mit Tieren und dem Planeten insgesamt drängender wurden.

Es seien daher in aller Kürze einige Themenfelder der medizinischen Ethik, der Tierethik, ökologischen Ethik und der Technikethik benannt und einige typische Argumente vorgeführt.

Welches sind zentrale Themen der medizinischen Ethik?

Zu den „traditionellen“ Themen medizinischer Ethik gehören die drängenden Fragen am Anfang und Ende des menschlichen Lebens.[197] Dies sind Fragen wie die, ob sich Abtreibung oder auch ein Abtreibungsverbot rechtfertigen lässt, wie man mit Frühembryonen bei einer in-vitro-Fertilisation, einer künstlichen Befruchtung umgehen soll, ob etwa Präimplantationsdiagnostik mit möglichem „Verwerfen“ von Embryonen in-vitro erlaubt sein sollte. Zum anderen stellt sich die Frage nach der Erlaubtheit unterschiedlicher Formen der Sterbehilfe und den möglichen individuellen und gesellschaftlichen Gefahren, die davon ausgehen könnten.

Doch wird seit Längerem auch diskutiert, nach welchen Kriterien überhaupt ärztliche Eingriffe gerechtfertigt sind. Ferner gibt es Debatten zu der Frage, inwieweit gentechnische Methoden wie z. B. die Genedition zur Heilung bestimmter Krankheiten eingesetzt werden können, ohne eine unverantwortbare Veränderung der menschlichen Natur zu bewirken.

197 Dieter Birnbacher, *Verantwortung für zukünftige Generationen*, Stuttgart 1988; Dieter Birnbacher, *Recht auf Sterbehilfe – Pflicht zur Sterbehilfe?* in: Rechtsphilosophische Hefte VIII: Medizin – Recht – Ethik Frankfurt/M. 1998, 75–88; Jan C. Joerden, *Der Begriff „Menschheit“ in Kants Zweckformel des kategorischen Imperativs und Implikationen für die Begriffe „Menschenwürde“ und „Gattungswürde“*, in: Matthias Kaufmann/Lukas Sosoe (Hg.), Gattungsethik – Schutz für das Menschengeschlecht? Frankfurt/M. 2005, 177–192; Norbert Hoerster, *Abtreibung im säkularen Staat*, Frankfurt/M. 1995; Peter Singer, *Praktische Ethik*, Stuttgart 1996; Nikolaus Knoepffler, *Forschung an menschlichen Embryonen. Was ist verantwortbar?*, Leipzig 1999.

Literaturtipps

Dieter Birnbacher, *Tun und Unterlassen*, Stuttgart 1995.

ders., *Recht auf Sterbehilfe – Pflicht zur Sterbehilfe?*, in: Rechtsphilosophische Hefte VIII: Medizin – Recht – Ethik Frankfurt/M. 1998, 75–88.

John Harris, *Medizinische Ethik*, Berlin 1995.

Peter Singer, *Praktische Ethik*, Stuttgart 1996.

Nikolaus Knoepffler, *Forschung an menschlichen Embryonen. Was ist verantwortbar?*, Leipzig 1999.

Jürgen Habermas, *Die Zukunft der menschlichen Natur. Auf dem Weg zu einer liberalen Eugenik?* (2001), Berlin 2018.

Gregor Damschen/Dieter Schönecker (Hg.), *Der moralische Status menschlicher Embryonen*, Berlin/New York 2003.

Matthias Kaufmann/Lukas Sosoe (Hg.), *Gattungsethik – Schutz für das Menschengeschlecht?*, Frankfurt/M. 2005, 177–192.

Warum wurde der Personenbegriff so wichtig in der medizinischen Ethik?

Eine heftige Diskussion über die Frage, ob man allen *Menschen* absolute unverzichtbare Rechte, eine Würde als Person zuerkennen soll, oder ob *Wesen verschiedener Art* je nach ihren grundsätzlichen Fähigkeiten als Träger gleicher Interessen, gegebenenfalls als Personen akzeptiert werden sollen, entstand im Umfeld von Peter Singers ebenso umstrittenem wie einflussreichem Werk „Praktische Ethik“, das bereits kurz präsentiert wurde.

Diese Dynamik entspringt erstens dem Umstand, dass die Hauptverwendungsweise des Personenbegriffs bei Singer und einigen Gleichgesinnten wie John Harris und Norbert Hoerster der Festlegung diente, ab wann einem Wesen Tötungsschutz zusteht und wann es diesen nicht mehr oder noch nicht besitzt. Auch nach Singers Präferenzutilitarismus ist „das Töten einer Person, die sich nicht dafür entschieden hat zu sterben, die denkbar schwerwiegendste Verletzung der Autonomie dieser Person.“[198]

Da man bei Nicht-Personen nur eine Präferenz zur Schmerzvermeidung vermutet, kann dies dazu führen, dass man ihre Tötung für moralisch richtig hält, wenn sie starke Schmerzen leiden. Ein zweiter Grund für die Heftigkeit

198 Singer 1996, 112, 115f.

der Auseinandersetzung war daher, dass Embryonen, Neugeborene, aber auch geistig Schwerstbehinderte für Singer, Harris etc. nicht als Personen gelten, wohl aber einige höhere Säugetiere.

Relevante Fähigkeiten haben heißt nach dieser Auffassung, überhaupt die Fähigkeit besitzen, Schmerz zu empfinden oder im Prinzip die Fähigkeit besitzen, Pläne für die Zukunft zu machen, so dass man das betreffende Wesen als Person anerkennen kann, wenn diese Pläne auch noch so rudimentär sind.

Bei der prinzipiellen Fähigkeit, als Person zu fungieren, geht es Autor:innen wie Singer jedoch um die *aktuelle* Fähigkeit, nicht um die zukünftige oder um die Möglichkeit einer solchen Fähigkeit. Die Berücksichtigung des Umstandes, dass menschliche Embryonen sich zu Personen entwickeln werden, wurde u. a. mit dem Argument abgelehnt, weil Prinz Charles der potentielle König von England sei, habe er doch nicht die Rechte des Königs von England. Indessen bestand die rechtliche Rolle des Kronprinzen gerade in dem *Rechts*anspruch, der König von England zu *werden*, was mittlerweile geschehen ist. Ähnlich geben wir Kindern erst nach 18 Jahren die vollen Bürgerrechte, gestehen ihnen jedoch zuvor einen Rechtsanspruch zu, Bürger zu werden und gewähren den entsprechenden Schutz.

Das Zuerkennen der Würde als Person allein aufgrund der Zugehörigkeit zur Spezies Mensch bezeichnen jene Autor:innen als *Speziesismus*, als zu Rassismus und Sexismus analoge Diskriminierung der höheren Säugetiere, die in ihren aktuellen Fähigkeiten oftmals neugeborenen oder geistig behinderten Menschen überlegen seien. Es gibt indessen triftige Gründe zum Zweifel an dieser Konstruktion.

> Es ist alles andere als zwingend, das Personsein an einer möglichst schlichten Version der relevanten Fähigkeiten festzumachen, damit möglichst viele Tiere darunterfallen. Einem alternativen Ansatz zufolge würde man den Menschen als das „nicht festgestellte", zu sich selbst stellungnehmende, über sich hinausstrebende, sich und seine Umgebung bewusst und kreativ verändernde, zu einem Lebensplan fähige Lebewesen ansehen.[199]

199 vgl. u. a. John Stuart Mill, *Utilitarianism, Der Utilitarismus*, 23; Arnold Gehlen, *Der Mensch*, Wiesbaden ^{12}1978, 32.

Bei allem Eingeständnis der Vagheit dieser Charakterisierungen und ihrer höchst unterschiedlichen Erfüllung durch die konkreten Individuen: klar bleibt, dass die Bestimmung der für den Menschen typischen Merkmale nach dieser Vorgabe anspruchsvoller ausfiele als bei Singer, zu anspruchsvoll, um durch die Tatsache eingeholt zu werden, dass einige Schimpans:innen über 150 Sprachzeichen aktiv beherrschen oder dass Primaten und andere hohe Säugetiere, ebenso Vögel auch bewusste Täuschungsmanöver inszenieren, um ein Ziel zu erreichen. Es liegt für Vertreter:innen der eben skizzierten Auffassung entsprechend nahe, Wesen, die im normalen Verlauf der Dinge Personen in diesem emphatischeren Sinne werden, höher einzuschätzen als solche, die dies niemals erreichen können.

Menschen entwickeln mit sehr wenigen – auf individuelle Unglücksfälle rückführbaren Ausnahmen – die Fähigkeiten, die zur Personalität im anspruchsvolleren Sinne gehören – zugegeben in unterschiedlichem Maße – Tiere hingegen besitzen sie durchgängig nicht. Rehabilitationsprogramme, um die natürlichen Benachteiligungen auszugleichen, können bei vielen der menschlichen Ausnahmefälle positive Resultate erzielen, bei Tieren freut man sich über singuläre experimentelle Erfolge bei Primaten.

Die Fixierung auf das tatsächliche Vorhandensein der zur Personalität gehörenden Kompetenzen entspringt möglicherweise einer Vermischung der Kriterien, nach denen wir einer Person die Verantwortung für ihre Taten zuschreiben mit denen, die festlegen, ob sie Rechte haben kann. Dies wurde bereits von Naturrechtlern im 16. Jahrhundert unterschieden, die den *pueri et amentes*, Kindern und Wahnsinnigen, Besitzrechte zusprachen, weil man sie sonst auch Schlafenden verweigern müsste, sie jedoch nicht für moralisch verantwortlich erklärten, weil sie die moralische Relevanz ihres Tuns nicht einschätzen konnten.[200]

Es wäre tatsächlich eine nicht zu rechtfertigende Härte, Wesen, die die fraglichen Fähigkeiten entweder bei normalem Verlauf der Dinge erhalten werden, oder denen sie nicht aufgrund ihrer Artzugehörigkeit, sondern nur durch einen Unfall oder durch ein schlechtes Los in der Lotterie der Natur fehlt, das Lebensrecht abzusprechen. Während man mit der Spezieszugehörigkeit ein sehr klares Kriterium dafür hat, dass einem Wesen die für die Personalität im anspruchsvollen Sinne erforderlichen Eigenschaften allen-

200 Luis de Molina, *De iustitia et iure*, Tract. II Disp. XVIII n. 3, ähnlich 270 Jahre später Rudolf von Jhering, *Der Geist des römischen Rechts auf den verschiedenen Stufen seiner Entwicklung*, 3. Teil 1. Abteilung § 60, Leipzig ^{2}1865, 311.

falls entwicklungsbedingt oder infolge unglücklicher Zufälle fehlen, wird die Grenzziehung für Teilpersonalität bei Primaten und höheren Säugetieren gegenüber weniger intelligenten Lebewesen erheblich willkürlicher.

Zugleich zeigt sich bereits bei der Frage, wie aktual denn welche Fähigkeiten genau sein müssen, damit jemand Tötungsschutz genießt, auf welch dünnem Eis man sich mit einer solchen Position bewegt. Die Frage nach dem Lebensrecht wird zu einem Lotteriespiel, sei dies die Lotterie der Natur bei einem genetischen Schaden, sei es die Lotterie des Lebens, wenn man die Personalität etwa bei einem Unfall verliert. Es spricht demnach vieles dafür, dem Common Sense zu folgen und Menschen durchgängig die Personalität und damit die Würde der Person zuzusprechen, und es nicht für ungerechtfertigte Diskriminierung zu halten, wenn man die entscheidenden Fähigkeiten bei Tieren bis zum Beweis des Gegenteils nicht vermutet. Davon wird die moralische Pflicht, Tieren aufgrund ihrer Leidensfähigkeit soweit möglich Leid zu ersparen, nicht berührt.

Was kann mit „Sterbehilfe" gemeint sein?

Sterbehilfe sollte zunächst von der Sterbebegleitung unterschieden werden, die seit einigen Jahrzehnten u. a. von der Hospizbewegung angeboten wird.

Es muss ferner von Beginn an klar sein, dass die heutige Diskussion um das Problem der Sterbehilfe, mitunter auch als „Euthanasie" bezeichnet, nichts mit dem durch diesen Begriff bezeichneten verbrecherischen Vernichtungsprogramm der Nationalsozialisten zu tun hat, dem mehr als hunderttausend behinderte Menschen als „unnütze Esser" zum Opfer fielen. Wenngleich die Kriterien Singers und seiner Gleichgesinnten für Personalität und Tötungsschutz eben kritisch untersucht wurden und Singer bei seiner Argumentation einige fatale Fehleinschätzungen medizinischer Befunde unterliefen, ist die Verknüpfung seiner Position mit den Nationalsozialisten, die mehrfach vorgenommen wurde, bloße Diffamierung und entbehrt jeder Grundlage.

Singer versucht, sich von jenen Verbrechen auch theoretisch zu distanzieren, indem er freiwillige Euthanasie, „das heißt Euthanasie auf Verlangen der getöteten Person" von unfreiwilliger Euthanasie unterscheidet, „wenn die getötete Person fähig ist, ihrem Tod zuzustimmen, aber es nicht tut" – was offenbar ein Verbrechen wäre. Die Probleme entstehen dadurch, dass er einigen Betroffenen einer dritten Kategorie, nämlich nicht-freiwilliger

Euthanasie, „wenn ein menschliches Wesen nicht fähig ist, die Entscheidung zwischen Leben und Tod zu verstehen", den Personenstatus und das Lebensrecht abspricht.[201]

Eine wichtige Unterscheidung ist die zwischen aktiver und passiver Sterbehilfe, also zwischen dem aktiven Töten, etwa durch ein entsprechendes Medikament und dem Sterbenlassen durch Nichtbehandlung. Ferner wird beim aktiven Tun zwischen direkter und indirekter Sterbehilfe unterschieden. Letztere liegt vor, wenn ein Medikament verabreicht wird, das die Schmerzen beseitigen oder zumindest lindern soll jedoch zugleich zum vorzeitigen Tod führt. Hierfür wird nicht selten das eben vorgestellte Doppelwirkungsprinzip in Anschlag gebracht, weil die gute Absicht die Schmerzlinderung ist und die schlechte Folge, der Tod, erst im Nachhinein eintritt und durch die gute Wirkung bei extremen, durch eine allemal zum Tod führende Krankheit verursachten Schmerzen aufgewogen wird.

Bei der Euthanasie auf Verlangen der betroffenen Person spielt gerade im deutschen Recht die Differenzierung zwischen der Tötung auf Verlangen und dem assistierten Suizid eine wesentliche Rolle.

Wie ist assistierter Suizid zu beurteilen?

Wenn der normale menschliche Wunsch nach Überleben umschlägt in den Wunsch, zu sterben, etwa weil ein Mensch unheilbar krank ist, so steht die Forderung nach Achtung vor dem Willen der Kranken der nach der Wahrung des Respekts vor der Unverfügbarkeit des Lebens gegenüber.

> Die Achtung vor dem Willen einer leidenden Person, die Achtung vor ihrem Wunsch zu sterben, beruht auf der Unterstellung nachvollziehbarer Gründe, die einen solchen Wunsch zwar nicht zwingend, aber verständlich machen.

Diese Achtung beruht nicht primär auf der Annahme einer vollständigen Souveränität über das eigene Leben im Sinne einer Beliebigkeit, durch welche die eigene Existenz zu einer der vielen Sachen würde, mit denen man es so im Laufe der Zeit zu tun hat, die man verwendet und bei Überdruss wegwirft. Kant sähe darin einen Verstoß gegen die Würde der Menschheit in

201 Singer 1996, 175–177.

meiner Person. Nietzsches bekannte Forderung, zur rechten Zeit zu sterben, stellt den Menschen angesichts seines grundsätzlichen Nichtwissens um den Fortlauf der Dinge vor eine kaum lösbare Aufgabe.

> Wer sich tötet, nimmt dem Menschen, zu dem er sich entwickelt hätte, sämtliche Entfaltungs-, Erkenntnis- und Glücksmöglichkeiten.

Mit dieser Überlegung lässt sich ohne Rückgriff auf göttliche Besitzansprüche das Unbehagen erklären, das es in vielen Kulturen gegenüber der Selbsttötung gibt. Dem bei der Selbsttötung reklamierten Wissen um den richtigen Zeitpunkt steht die Fehlbarkeit entgegen, die menschlicher Rationalität immanent ist. Sich diese Fallibilität nicht einzugestehen, führt in einer solchen Situation leicht zu irrationalen Entscheidungen.

Dies bedeutet nun weder, dass man von der Suizidkandidatin eine lückenlose Darlegung ihrer Gründe erwarten könne, noch, dass irgendjemand befugt wäre, ihr aufgrund ihrer möglicherweise schwer nachvollziehbaren Entscheidung den Respekt zu verweigern. Von außen hat hier niemand zu richten. Daher wurde von der *Unterstellung* nachvollziehbarer Gründe gesprochen. Allzu leicht jedoch, dies muss die „zur rechten Zeit" Sterbenwollende berücksichtigen, bekommt die Selbsttötung im Angesicht von Schwierigkeiten auch das Odium eines gar nicht mehr kämpferischen Davonstehlens oder auch schlicht eines Anzeichens psychischer Krankheit, welche das Urteilsvermögen zusätzlich trübt. Die Situation der unheilbar Kranken, die einen qualvollen Tod vor Augen hat, scheint eine der wenigen klaren Ausnahmen von dieser Problematik des Nichtwissens. Die eben angestellten Überlegungen waren ein Plädoyer dafür, auch diesen Bereich einigermaßen begrenzt zu halten. Die Achtung gegenüber dem Todeswunsch kann indessen eine Rechtfertigung dafür darstellen, dass man einer unheilbar kranken Person die Möglichkeit verschafft, diesen Wunsch zu realisieren. Dabei gibt es erstens gewisse Bedenken gegenüber einer Kommerzialisierung solcher Hilfe, die in einer mehr oder minder offenen Werbung für solche Aktionen enden könnte. Ferner wäre in einer alternden Gesellschaft mit einem erheblichen Prozentsatz von Pflegebedürftigen die Entstehung eines mehr oder minder offenen Drucks auf die Betroffenen zu befürchten, doch bitte derartige Angebote wahrzunehmen.

Um beiden Seiten dieser Erwägung gerecht zu werden, kann man auf folgende, schon vor Längerem formulierte Bedingungen dafür zurückgreifen, dass Beihilfe zur Selbsttötung moralisch zulässig ist:[202]

1. Der Patientenwunsch nach Suizid beruht nicht auf psychischer Krankheit
2. Der Patient vermag die Tragweite seiner Entscheidung zu überblicken.
3. Die Entscheidung zum Suizid ist subjektiv wohlerwogen
4. Die Entscheidung ist objektiv nicht unberechtigt (beruht nicht auf Fehlinformationen oder falschen Erwartungen, z. B. Fehleinschätzungen der therapeutischen und palliativen Möglichkeiten, das Weiterleben erträglich zu machen)

Wie schwierig es ist, derartige Überlegungen politisch konsensfähig zu formulieren, zeigt sich u. a. daran, dass es dem deutschen Bundestag am 6.7.2023 nicht gelang, sich auf einen von zwei parteiübergreifenden Gesetzesentwürfen zum assistierten Suizid zu einigen, nachdem das Bundesverfassungsgericht am 26.2.2020 das Recht auf selbstbestimmtes Sterben gestärkt und eine restriktivere rechtliche Regelung „gekippt" hatte.

Wie soll man mit der Tötung auf Verlangen umgehen?

Anders wird die Situation dann, wenn die betreffende Person ihren Wunsch nicht mehr selbst vollziehen kann, etwa, weil sie völlig bewegungsunfähig ist. Hier kann man es für moralisch geboten halten, der betreffenden Person auch über die Schmerzfreihaltung hinaus ein weiteres Leben in einer solchen Situation zu ersparen und eine Ärztin oder einen Arzt, die dieser Person eine todbringende Spritze setzt, von der Strafverfolgung zu befreien.

In einigen Ländern Europas, etwa in der Schweiz, in Belgien und den Niederlanden ist ein solches Vorgehen unter strengen rechtlichen Auflagen erlaubt. Ähnlich wie beim assistierten Suizid und insofern mit größerer Dringlichkeit, als die „Tatherrschaft" nicht mehr bei der sterbenden Person liegt, gibt es Bedenken, ob sich nicht in der öffentlichen Meinung einer demokratischen Gesellschaft eine Denkweise entwickeln könnte, die dafür

202 Dieter Birnbacher, *Recht auf Sterbehilfe – Pflicht zur Sterbehilfe?*, in: Rechtsphilosophische Hefte VIII: Medizin – Recht – Ethik Frankfurt/M. 1998, 75–88.

plädiert, „unnötige Leiden" zu beenden, zumal, wenn die Gesundheitskosten und Pflegekosten in drastischer Weise steigen.

Dieses sog. Argument der schiefen Ebene, wonach eine dauerhafte Anwendung bestimmter Prozeduren am Ende zu Resultaten führt, die heute unerwünscht sind, weil die verwendeten Überlegungen relativ vage sind und keine präzise Trennung von Erlaubtem und Unerlaubtem ermöglichen, wurde vielfach diskutiert – und angezweifelt.[203] In der Tat ist es unwahrscheinlich, dass es in absehbarer Zeit in demokratischen Rechtsstaaten zur Tötung kranker Menschen gegen deren Willen kommt.

Es gibt die Überlegung, diejenige Person solle das rechtliche Risiko tragen, die das Gefährdungspotential darstellt, die also die Tötung durchführt. Bei der Sterbehilfe könne man versuchen, in Extremfällen denen, die offenkundig auf Wunsch des sterbenden Menschen dessen Leiden beendet haben, Hintertüren zu öffnen und Straflosigkeit zu gewähren. Grundsätzlich aber müsse man für seine moralische Überzeugung und dafür, dass man das tut, was nach ehrlicher Überzeugung getan werden muss, auch rechtliche Nachteile riskieren. Möglicherweise geraten wir hier in eine Lage, in welcher auch die Tragik wieder ihren Platz im Leben des modernen Menschen erhält, weil man in unlösbare moralische Konflikte geraten kann.

Ähnlich steht es mit den Fällen, in denen die Person einen solchen Wunsch zwar mehrfach und nachdrücklich geäußert hat, nunmehr aber im Koma liegt. Oder, um die Sache noch etwas weiter zu treiben, wenn wir es mit einem menschlichen Wesen zu tun haben, das sich entweder nie mehr äußern kann oder noch nie äußern konnte, von dem jemand glaubt annehmen zu müssen, dass es den Wunsch hätte, zu sterben, wenn es ihn fassen könnte. Hier wurde in einer einflussreichen, vor allem in angelsächsischen Ländern vertretenen Richtung daran gezweifelt, dass man einen sinnvollen Unterschied zwischen aktiver und passiver Euthanasie machen könne. Mehr noch, man behauptete, dass die passive Euthanasie etwa in Form selektiver Nicht-Behandlung inhumaner sei, weil sie diesen Wesen ungeheure Qualen zumute. Dies entspricht jedoch nicht der wohl weitgehend akzeptierten Praxis, dass man Patient:innen stets die Grundversorgung gewährt und sie schmerzfrei hält, nur eben bestimmte weitergehende Behandlungen wie Operationen mit zweifelhaftem Nutzen unterlässt. Eher unglücklich scheint

203 Barbara Guckes, *Das Argument der schiefen Ebene. Schwangerschaftsabbruch, die Tötung Neugeborener und Sterbehilfe in der medizinethischen Diskussion*, Stuttgart u. a. 1997, 210f.

die eben skizzierte und kritisierte „Lösung“, solchen Menschen schlicht Personenstatus und Tötungsschutz abzusprechen und das Problem mit einem Federstrich erledigen zu wollen.

Gibt es ein Schutzrecht für Embryonen?

Wenn in den letzten Jahrzehnten die Abtreibungsproblematik diskutiert wird, dann gilt dies häufig als dilemmatische Entscheidung zwischen dem Lebensrecht des Embryos und dem Selbstbestimmungsrecht der Frau. Es könnte jedoch sein, dass dabei noch mehr Aspekte ins Spiel kommen. Diese betreffen wesentlich die moralische Einordnung des Embryos bzw. des Fötus. Wenn es um die sog. Präimplantationsdiagnostik und um „verbrauchende“ Embryonenforschung geht, sind speziell Frühembryonen relevant.

Im Kontext der Embryonenforschung, aber auch bei der Präimplantationsdiagnostik tauchten in den ersten Jahren dieses Jahrhunderts immer wieder vier Argumente auf, die man unter dem Akronym SKIP zusammenfasste. Dies waren

Spezies-Argument: Wesen, die zur menschlichen Spezies gehören, müssen von Beginn ihrer Existenz in vollem Umfang geschützt werden.

Kontinuums-Argument: Es lässt sich von der Verschmelzung der Vorkerne bis zur Geburt kein moralisch relevanter Einschnitt in der Entwicklung eines menschlichen Embryos festmachen, der eine Änderung in der Behandlung rechtfertigen würde.

Identitäts-Argument: Von Beginn an bis zum erwachsenen Menschen und dessen Tod bleibt ein und dasselbe Wesen erhalten, das man somit nicht in unterschiedlicher Weise behandeln darf.

Potentialitäts-Argument: Der Embryo hat von Anfang an das Potenzial, sich zu einer Person zu entwickeln, die moralischen Schutz genießt, also auch Anspruch auf diesen Schutz.

Wie zwingend sind die SKIP-Argumente?

Wenn wir es für richtig halten, menschliche Embryonen anders zu behandeln als diejenigen anderer Säugetiere, dann nicht aus „Solidarität“ aufgrund des bloßen biologischen Faktums, dass sie dieselbe **Spezies** haben wie wir, sondern weil sie zu einer Spezies gehören, deren Mitglieder in der Regel moralisch relevante Eigenschaften entwickeln – und man das auch bei ihnen erwarten kann. Es erschiene unfair, jemandem aufgrund der noch fehlenden Entwicklung, aufgrund individueller Unfälle irgendwelcher Art (mechanisch oder genetisch) das Schutzrecht prinzipiell abzusprechen

Das heißt nicht, dass es innerhalb der Spezies keine Differenzierungsmöglichkeiten gibt. Wir kennen sogar Fälle, in denen das Tötungsverbot eingeschränkt wird (Kollateralschäden im Krieg, evtl. Tötung des Fötus, wenn das Leben der Mutter bedroht ist).

Zwischen der Empfängnis und der Geburt gibt es laut **Kontinuumsargument** keinen Zeitpunkt, in welchem ein signifikanter „Entwicklungssprung" hinsichtlich der moralisch relevanten Fähigkeiten des ungeborenen Wesens zu konstatieren wäre, der eine Änderung in der Behandlung rechtfertigen könnte.[204]

Doch scheint es extrem unplausibel, nur um der argumentativen Konsequenz willen einem Fötus unmittelbar vor der Geburt denselben moralischen Status zuzusprechen wie einer gerade befruchtete Eizelle und ihnen entweder als „Nicht-Personen" jedes Schutzrecht zu verweigern, oder sie moralisch mit erwachsenen Menschen gleichzustellen. Im letzteren Fall müsste man sich auch um Schutz für jene bemühen, die häufig unbemerkt in den ersten Tagen nach der Empfängnis ausgeschwemmt werden, es werden Schätzungen von etwa 30 bis 50 Prozent genannt. Wer dies und mehr noch einen natürlichen Abgang, wie er vor allem in den ersten acht Wochen relativ häufig vorkommt, geschehen lässt und nicht alles daransetzt, es zu verhindern, würde sich der unterlassenen Hilfeleistung schuldig machen.

Es gibt somit gute Gründe, für ein anhand der Entwicklung des Embryos bzw. Fötus abgestuftes Lebensrecht zu argumentieren. Auch in anderen Bereichen machen wir trotz fließender Grenzen Rechte und Pflichten an bestimmten Altersgrenzen fest – so das Wahlrecht, den Erwerb der Fahrerlaubnis oder auch die Strafmündigkeit.

Eine numerische **Identität** zwischen Einzeller und erwachsenem Menschen ist offenkundig deshalb nicht gegeben, weil sich aus dem Einzeller nicht nur der Embryo, sondern auch die Plazenta entwickelt. Ferner besteht noch die Möglichkeit der Mehrlingsbildung.

204 Vgl. z. B. Eberhard Schockenhoff, *Ethik des Lebens. Ein theologischer Grundriß*, Mainz 1993, 310.

Das Identitätsargument gewinnt an Überzeugungskraft, wenn es darum geht, Trägerin moralischer Pflichten und Rechte zu sein. Das Verbot der Diskriminierung aufgrund moralisch irrelevanter Kriterien wie Hautfarbe, Geschlecht etc. gilt auch für diejenigen, die aus Gründen eines moralisch ebenso irrelevanten individuellen Zufalls vorübergehend oder dauerhaft der Fähigkeiten einer Person entbehren. Wer schläft, wer im Koma liegt, wer aufgrund eines Unglücksfalles oder eines genetischen Schadens nicht in der Lage ist, als Person zu agieren, genießt fairerweise zumindest den Schutz vor Verletzung, oftmals auch den Anspruch auf besondere Fürsorge und Pflege.

Ähnliches gilt für die Zeitspanne vor der Geburt und vor der Entfaltung der für eine Person typischen Fähigkeiten. Wenn wir uns Gedanken über unsere moralische Verpflichtung gegenüber zukünftigen Generationen und deren Rechte auf unsere Rücksichtnahme machen,[205] wäre es nicht zu rechtfertigen, bereits existierende Lebewesen aus diesen Generationen moralisch *gar nicht* zu berücksichtigen.

Das ähnlich strukturierte sog. **Potentialitätsargument** ist für manche Autor:innen ein Grund, Embryonen als Personen zu bezeichnen, denen die Würde des Menschen und damit der Tötungsschutz vom Moment der Zeugung an zukomme. Einer anderen Interpretation zufolge sind Embryonen und Feten noch keine Personen, besitzen aber aufgrund des zu erwartenden Personenstatus bereits eine besondere Rolle in der moralischen Struktur unseres Universums.

Zumindest ab einer gewissen Entwicklungsstufe scheitert der übliche Einwand, wer so vorgehe, müsse auch sämtliche Spermien und Eizellen für schutzwürdig erklären und in letzter Konsequenz den Zölibat für einen Massenmord halten. Schließlich seien sowohl Eizellen als auch Spermien belebt und darüber hinaus mögliche eigenständige Lebewesen, die Befruchtung stelle daher keinen wesentlichen Einschnitt bei der Entwicklung einer Person dar.

Doch ist der über einen etwa acht Wochen alten Embryo *in vivo* geäußerte Satz „a kann ein Kind werden" von deutlich anderer Struktur, da er eher behauptet: „a *wird* ein Kind und später eine Person werden" – mit Einschränkung durch eine ceteris paribus Klausel –, als der über das Spermium geäußerte Satz „a *kann* ein Kind werden", welcher der Ergänzung „*Wenn* es eine Eizelle befruchtet" bedarf. Wir beziehen uns im ersten Fall auf ein Individuum, das bis zu seinem Tod, welcher erwartbar als Tod einer

205 Dieter Birnbacher, *Verantwortung für zukünftige Generationen*, Stuttgart 1988.

Person erfolgt, dasselbe bleiben wird. Im anderen Fall entsteht erst durch die Verschmelzung der Samenzelle mit der Eizelle, wobei die Samenzelle *nicht* erhalten bleibt, ein neues Individuum. Bei einem heranwachsenden Embryo von drei Monaten handelt es sich eben nicht nur um eine Möglichkeit, sondern um eine relativ zuverlässige Prognose, dass er sich – trotz verbleibender Unwägbarkeiten – zu einer Person entwickeln wird.

Wie eben festgehalten, war Singers Argument, Prinz Charles sei der potentielle König von England, habe jedoch nicht dessen Rechte, insofern unzulänglich, als Charles das Recht hatte, König zu werden, wie inzwischen geschehen. Doch weist es uns darauf hin, dass es nicht dieselben Rechte vor und nach der Ernennung zum König waren. Analog wäre es unverständlich, der Tatsache, dass sich ein heranwachsender Embryo die Lebensführung und möglicherweise die Gesundheit seiner Mutter in erheblicher Weise beeinflusst, sowie dem Umstand, dass sich die moralisch relevante Empfindungsfähigkeit während der ersten Schwangerschaftsmonate erst entwickelt, keinerlei Bedeutung zuzumessen. Entsprechend wird mitunter der Zeitpunkt, ab dem eine Schmerzempfindlichkeit des Embryos anzunehmen ist, als Beginn für dessen moralischen Relevanz genannt, in gewissem Sinne bekanntlich in aristotelischer Tradition.[206] Allemal scheint es wiederum sinnvoll, ein abgestuftes Lebensrecht des Embryos anzunehmen.

Kann Abtreibung gerechtfertigt sein?

Wenn man annimmt, dass den Embryonen zumindest ab einem bestimmten Entwicklungsstadium ein Lebensrecht zukommt, kann man dann annehmen, dass ein Schwangerschaftsabbruch berechtigt ist? Dies wird in den meisten Ländern Europas mehr oder minder eingeräumt, wenn eine Fortsetzung der Schwangerschaft das Leben der Mutter oder des Kindes gefährden würde, auch in dem Fall, dass die Schwangerschaft auf eine Vergewaltigung zurückgeht.

Für die anderen Fälle wird die Möglichkeit des Schwangerschaftsabbruchs innerhalb einer gewissen Frist oft gleichfalls eingeräumt, doch gibt es unterschiedliche Rechtfertigungsstrategien. Da die Schwangerschaft subjektiv als existenzielle Bedrohung erlebt werden kann und mitunter auch so erlebt wird, entsteht eine Parallele zum Notrecht, welches in der Naturrechtsdis-

206 Aristoteles, *Politik VII 16*, 1335b, 23ff.

kussion häufig durch das sog. Brett des Karneades erläutert wurde, ein Brett, welches auf hoher See nur einen von zwei darum kämpfenden Schiffbrüchigen zu tragen vermag. Wie Kant es ausdrückt, kann eine solche Situation zwar niemandem das Recht zur Tötung eines Unschuldigen geben, doch mache es keinen Sinn, hier zu strafen, weil die Furcht vor dem „Ersaufen" stets schwerer wiege als die vor dem Richter und somit die Abschreckungswirkung der Strafe entfalle.[207]

> Die hohe Zahl von Abtreibungen auch dort, wo sie unter Strafe stehen, bei denen die Frauen zudem ein hohes gesundheitliches Risiko eingehen, deutet darauf hin, dass die Situation in ähnlicher Weise subjektiv als Notwehr erlebt wird. Statt strafen zu wollen, kann man daher versuchen, den subjektiven Eindruck der Ausweglosigkeit bei der Mutter zu verhindern und zum Schutz des Kindes zeitliche Grenzen für die Abtreibungsmöglichkeit zu setzen.

Insofern scheint die rechtliche Regelung sinnvoll, bei der eine solche Abtreibung straffrei bleibt, jedoch versucht wird, der Schwangeren in einem Beratungsgespräch dieses Gefühl der ökonomischen und sozialen Bedrohung zu nehmen, ohne die moralische Problematik des Eingriffs zu leugnen. Das Lebensrecht des mit einer Prognose der Entwicklung zur Person versehenen Embryos wird somit unter einen erheblichen Vorbehalt gestellt. Vielleicht trifft es nicht zu, dass alle hunderttausend jährlichen Abtreibungen in Deutschland durch eine vermeintliche Notsituation subjektiv erzwungen werden, doch sollte sich niemand anmaßen, in diesen Dingen moralisch richten zu wollen.

Welches sind wichtige moralische Fragen im Umgang mit Frühembryonen?

Seit den frühen achtziger Jahren des letzten Jahrhunderts werden auch in Deutschland die in-vitro-Fertilisation, also die künstliche Befruchtung und vergleichbare Verfahren durchgeführt. Dabei findet außerhalb des weiblichen Körpers in sog. Petrischalen die Zeugung mehrerer Embryonen statt, die dann im Optimalfall in den Uterus eingesetzt werden.

---

207 Kant, *Metaphysik der Sitten*, Rechtslehre, Akad. Ausgabe VI, 235f.

Insbesondere in den ersten Jahren dieses Jahrhunderts waren in Verbindung damit zwei Fragen umstritten: Erstens wurde diskutiert, ob es legitim ist, die Embryonen vor der Implantation einer genetischen Untersuchung, genannt Präimplantationsdiagnostik (PID) zuzuführen, um genetische Schädigungen des späteren Kindes möglichst auszuschließen. Zweitens war man sich nicht einig, ob man die „überzähligen", nicht eingesetzten Embryonen einfrieren und später für eine „verbrauchende" Forschung zur Verfügung stehen sollte. Diese Forschung diente z. B. der Gewinnung pluripotenter embryonaler Stammzellen, von denen man sich zeitweilig enorme medizinische Entwicklungen bis hin zur Züchtung von Organen versprach. Die moralische Entscheidung, für die hier plädiert wird, besteht also darin, die in-vitro befruchteten Frühembryonen, insbesondere die überzähligen Embryonen, eher mit „gleichaltrigen" in-vivo Embryonen gleichzusetzen als mit fertigen Personen. Wir schulden diesen Frühembryonen einen generellen Respekt vor menschlichem Leben, nicht jedoch einen unbedingten, absoluten Lebensschutz vor der Verwendung durch die Forschung, einen Lebensschutz, den man ohnehin nicht garantieren kann. Die gegenwärtige Rechtslage in Deutschland ist indessen eine andre.

Die Möglichkeit, aufgrund einer genetischen Präimplantationsdiagnostik (PID) in-vitro erzeugte Embryonen zu „verwerfen", also nicht einzupflanzen, führte in den ersten Jahren des 21. Jahrhunderts einflussreiche Autorinnen und Autoren zu einer schroffen Gegenüberstellung der Abtreibung als Ausweg aus einer existenziellen Notsituation mit der PID, Jürgen Habermas nannte sie z. B. „vorsätzliche Qualitätskontrolle".[208] Da wir die existenzielle Notsituation im Fall der Abtreibung eher unterstellen, ohne sie individuell zu überprüfen, scheint es abwegig, im Gegensatz dazu Eltern bei einer künstlichen Befruchtung generell die legitime Sorge um das Wohl ihres Kindes abzusprechen, wenn sie sich um eine PID bemühen. Dies gilt um so mehr, wenn man das Recht auf einen späten Schwangerschaftsabbruch nach einer problematischen Pränataldiagnose beibehält, also die Tötung eines relativ weit entwickelten Embryos nach Monaten der Belastung für die Schwangere und der Sorge um das werdende Kind. In Deutschland dürfen entsprechend seit 2011 im Falle der erblichen Belastung beider Elternteile PIDs durchgeführt werden.

---

208 Jürgen Habermas, *Die Zukunft der menschlichen Natur. Auf dem Weg zu einer liberalen Eugenik?*, Frankfurt/M. 2001, 58.

Natürlich geht es dabei nicht um die Herstellung von „Designerbabys", wie mitunter vermutet. Die Sorge, durch diese Praxis werde der Umgang mit Behinderten sich verschlechtern, scheint insofern unbegründet, als nur ein geringer Prozentsatz der Behinderungen genetisch bedingt ist und von diesen wiederum nur eine geringe Zahl aufgrund einer in-vitro-Fertilisation zur Welt käme. So sehr man Frauen bewundern muss, die bewusst ein behindertes Kind in Kauf nehmen, so wenig kann man solche verurteilen, die sich dazu nicht in der Lage sehen.

Welche ethischen Probleme entstehen im Kontext der Humangenetik?

Längerfristig steht in Frage, ob und inwieweit Eingriffe in das menschliche Genom gerechtfertigt oder zumindest erlaubt sein können, sei es, um genetisch bedingte Erkrankungen zu vermeiden (genetic healing) oder auch um einzelnen Individuen oder ganzen Gruppen Vorteile zu verschaffen, hinsichtlich der Intelligenz, des Alterns, der Widerstandsfähigkeit usw. (genetic enhancement). Diese Debatten erhielten neue Nahrung durch die Entdeckung des Verfahrens der induzierten pluripotenten Stammzellen (iPS), womit es prinzipiell möglich würde, Embryonen aus Hautzellen zu erzeugen, bisher spricht man von „Modellen" oder „Embryoiden",[209] sowie von Genscheren wie z. B. CRISPR Cas 9. Zu diesen umfangreichen Themenkomplexen kann hier nur festgehalten werden, dass die argumentative Tendenz sich klar gegen Klonen von Menschen und eher gegen ein *genetic enhancement* wendet, weil man die Autonomie der entstehenden Menschen bedroht sieht, dass genetisches Heilen hingegen erstrebenswert ist. Obwohl unbestritten ist, dass die Trennlinie in manchen Fällen unscharf wird, scheint Jürgen Habermas' Befürchtung, man werde durch einen „dichten intergenerationellen Handlungsstrang" vom einen zum anderen geführt,[210] keine zwangsläufige Entwicklung zu beschreiben.

---

209 Vgl. Süddeutsche Zeitung 23.6.23, Artikel „Diese Forschung könnte verboten werden", Interview von Hanno Charisius mit Michele Boiani.

210 Habermas 2001, 121.

Was sind mittlere Prinzipien?

In ihrem zuerst 1979, mittlerweile in zahlreichen Auflagen und Übersetzungen erschienenen Werk *Principles of Biomedical Ethics* stellen der Utilitarist Tom Beauchamp (*1939) und der Deontologe James Childress (*1940) eine Liste sogenannter mittlerer Prinzipien zusammen, die sich mit unterschiedlichen Moraltheorien und angeblich unabhängig von weltanschaulichen Ausrichtungen im medizinethischen Bereich anwenden lassen.[211] Inzwischen gehört die Bezugnahme auf diese Prinzipien in vielen Fragen zu den Standards medizinischer Ethik. Sie nennen:

- Das Prinzip des Respekts vor der Autonomie („the principle of respect for autonomy“)
- Das Prinzip des Nicht-Schadens („the principle of nonmaleficence“)
- Das Wohltuns-Prinzip („the principle of beneficence”)
- Das Prinzip der Gerechtigkeit („the principle of justice”)

Diese Grundsätze waren ursprünglich als gleichrangig konzipiert worden, doch nahm im Laufe der letzten Jahrzehnte der Gedanke der Patientenautonomie eine immer fundamentalere Rolle ein und soll im Anschluss noch etwas näher betrachtet werden. Bei der Schadensvermeidung geht es u. a. darum, dass keine unnötigen Behandlungen durchgeführt oder aufrechterhalten werden, etwa auch solche, die das biologische Leben um den Preis unerträglicher Schmerzen etwas verlängern. Das Wohltuns-Prinzip wird manchmal mit dem des Nicht-Schadens identifiziert, doch macht man auch geltend, dass man stets zur Vermeidung von Schaden verpflichtet ist, nicht aber allen Menschen helfen kann. Dies bekommt natürlich im Falle einer Ärztin oder eines Arztes im konkreten Behandlungsfall eine andere Wendung, da sie von Berufs wegen eine sog. Garantenstellung innehaben. Kompliziert kann dann die Abwägung zwischen dieser Fürsorgepflicht und dem Respekt vor der Patientenautonomie werden, wenn die Patientin keine Behandlung oder nicht die von der Ärztin vorgeschlagene Behandlung wünscht, wann also welches Maß an Paternalismus angebracht sein könnte. Beim Prinzip der Gerechtigkeit geht es wesentlich um die Frage nach

211 Beauchamp/Childress, *Principles of Biomedical Ethics*, Oxford [8]2019.

der angemessenen Verteilung medizinischer Ressourcen, bei der wiederum Kriterien der Gleichheit, der Bedürftigkeit, der Erfolgsaussichten oder auch Wartezeiten, z. B. bei der Organtransplantation eine Rolle spielen können. Die Thematik einer gerechten Gesundheitsvorsorge und medizinischen Versorgung umfasst indessen weitaus größere Bereiche gesellschaftlichen Lebens wie die Belastung mit Schadstoffen und Lärm, Gesundheitsschutz am Arbeitsplatz etc.[212]

Literaturtipps

Beauchamp/Childress, *Principles of Biomedical Ethics*, Oxford [8]2019.

Norman Daniels, *Just Health. Meeting Health Needs Fairly*, Cambridge 2007.

Sibylle Plunger, *Patientenautonomie und Willensfreiheit im Umfeld der Gerontopsychiatrie: über die praktische Realisierbarkeit philosophischer Denkansätze in der Medizin*, Frankfurt/M. 2007.

Worum geht es bei der Patientenautonomie?

Diesem Konzept kann man sich aus zwei Perspektiven nähern: Einmal geht es um die Kriterien, mit denen wir feststellen können, **ob** eine Patientin eine autonome, durch **informierte Zustimmung** charakterisierte Entscheidung für eine Behandlung getroffen hat. Beauchamp und Childress gliedern dies wieder auf in die Voraussetzungen, dass nämlich die betroffene Person die anstehenden Fragen zur Behandlung versteht und zu einer freiwilligen Entscheidung fähig ist, in die Informationsbestandteile, dass sie die relevanten Informationen erhält, ihr ein Behandlungsplan vorgeschlagen wird und sie beides versteht, schließlich dass sich die Person zugunsten des genannten Plans entscheidet und diesen autorisiert. Da andererseits viele Patient:innen durchaus ärztliche Beratung wünschen, favorisiert man heutzutage eine gemeinsame Entscheidungsfindung.

Letztlich geht es bei der Rede von Autonomie um die **Norm**, die Würde jeder Patientin **unabhängig** von ihrer aktualen Kompetenz zu achten und sie so weit wie im jeweils konkreten Fall möglich als selbstbestimmt zu respektieren.

212 Vgl. z. B. Norman Daniels, *Just Health. Meeting Health Needs Fairly*, Cambridge 2007.

Was ist Tierethik?

Tierethik untersucht zum einen die allgemeine Frage, ob und warum Tiere in welchem Maß moralisch berücksichtigt werden sollten. Es gab in der europäischen Tradition verschiedene Ansätze mit denen man die Pflicht der Menschen zur Rücksichtnahme auf Tiere zu begründen versuchte. Dürfen wir sie essen oder haben sie Anspruch auf Tötungsschutz? Wenn Letzteres, gilt dies für alle Tiere oder wird eine Hierarchisierung angenommen? Ferner werden speziellere Fragen diskutiert, z. B. ob und wie und unter welchen Bedingungen Tierversuche moralisch erlaubt sein können, ob zoologische Gärten, ob Zirkusvorführungen mit Tieren moralisch berechtigt sind etc.

Literaturtipps

Johann Ach/Dagmar Borchers (Hg.), *Handbuch Tierethik*, Stuttgart 2018.

Peter Singer, *Animal Liberation*, Reinbek bei Hamburg 1996.

Ursula Wolf, *Das Tier in der Moral*, Frankfurt/M. 1990.

Jean-Claude Wolf, *Tierethik*, Freiburg/Schweiz 1992.

Peter Danz, *Der moralische Status von Tieren*, Halle 2007.

Peter Kunzmann, *Die Würde des Tieres – zwischen Leerformel und Prinzip*, Freiburg/München 2007.

Markus Wild, *Tierethik zur Einführung*, Hamburg 2016.

Sind Tiere und anderes Leben „für den Menschen da“?

In der christlichen, abendländischen Tradition hatte man den Satz aus Genesis 1.28 „Macht euch die Erde untertan!“ als Rechtfertigung für eine oft genug ungehemmte Nutzung der Schöpfung gedeutet. Bei maßgeblichen Autoren, so etwa bei einem Kirchenlehrer wie Thomas von Aquin, fand man Unterstützung für diese Ansicht, auch wenn dieser vor Grausamkeiten gegenüber Tieren warnte. Es gab allerdings auch im christlichen Denken relativ früh die Auffassung, dass der Mensch die Erde, die er vorfindet, nicht zerstören darf. So heißt es bei dem Jesuiten Luis de Molina (1535–1600),

Noah habe zwar die Macht gehabt, einige der Tiere auf seiner Arche zu töten, nicht aber das Recht.[213]

Eine sehr ähnliche Haltung wie bei Thomas findet sich bei Kant, für den jedes Vernunftwesen als Zweck an sich selbst anzusehen ist, für Tiere ist da zunächst kein Platz. Doch scheint Kant die Intuition zu teilen, dass man Tiere nicht quälen darf, und versucht, eine Begründung auf der Basis seiner Ethik zu konstruiere:

> „..., denn der Mensch, der schon gegen die Tiere solche Grausamkeiten ausübt, ist auch gegen Menschen ebenso abgehärtet ... Wenn Anatomen lebendige Tiere zu den Experimenten nehmen, so ist es zwar grausam, obgleich es zu was Gutem angewandt wird. Weil nun die Tiere als Instrumente des Menschen betrachtet werden, so gehts an, aber auf keine Weise als ein Spiel."[214]

Folglich sind entweder Anatomen gegen Menschen abgehärtet oder die These ist in dieser Allgemeinheit falsch. Tiere kategorisch und ohne weitere Gründe zu Instrumenten der Menschen zu erklären, dürfte ebenso wenig haltbar sein.

Für eine utilitaristische Theorie, die sich am Glück und als Basis desselben an der Schmerzfreiheit aller Betroffenen ausrichtet, ist es hingegen unmittelbar evident, jedem leidensfähigen Wesen prima facie den Anspruch darauf zuzubilligen, nicht gequält zu werden. „Die Frage ist nicht: Können sie denken? Können sie sprechen? Sondern: können sie leiden?" schrieb Bentham.[215]

Ob nun eher in der utilitaristischen Version wie u. a. bei Singer oder eher in der Variante der Schopenhauerschen Mitleidsethik wie bei Ursula Wolf (*1951) oder auch Dieter Birnbacher, es hat sich die Überzeugung durchgesetzt, dass Tiere aufgrund ihrer Leidensfähigkeit einen Anspruch auf moralische Berücksichtigung besitzen. Umstritten bleibt, ob dieser Anspruch mit dem menschlichen Anspruch auf moralische Berücksichtigung gleichwertig ist oder nicht. Es wurde oben Singers Parallelisierung von

---

213 vgl. hierzu Thomas von Aquin, *Summa Theologiae I* qu. 47 art. 1, IaIIae qu. 102 art. 6, *Summa contra Gentiles* III 112, dass Thomas' Bezugnahme auf Tiere etwas komplexer ist als die bloße Legitimation zur Ausbeutung zeigt Tobias Davids, *Tierphilosophie bei Thomas von Aquin*, Boston 2016; Luis de Molina, *De iustitia et iure*, Tract. II, disp. 18 n.13, Molina 2019, 353.

214 Immanuel Kant, *Vorlesung über Ethik*, hrsg. Paul Menzer, Berlin 1925, 303.

215 Jeremy Bentham, *An Introduction to the Principles of Morals and Legislation* 1789, Oxford: 1996, Chap. 17. Vgl. oben → 4.17.

Speziesismus mit Sexismus und Rassismus kritisiert und Menschen ab einer bestimmten (embryonalen) Entwicklungsstufe das Recht zugesprochen, sich zu Personen zu entwickeln. Andererseits geht auch Singer davon aus, dass Nicht-Personen getötet werden dürfen, wenn dies schmerzfrei geschieht. Insofern wäre es nicht prinzipiell ausgeschlossen, Tiere zu töten, um sich davon zu ernähren oder andere wichtige Ziele zu erreichen, solange dies mit dem Sinn für Verantwortung für die Wesen, die den Menschen ausgeliefert sind, geschieht und den Tieren vermeidbare Schmerzen erspart bleiben. Die Berechtigung der Bemühungen um effizienteren Schutz der Tiere aufgrund deren Leidensfähigkeit wird also damit in keiner Weise in Zweifel gezogen.

Sind Tierversuche berechtigt?[216]

Nach einer derzeit überwiegend vertretenen Auffassung werden die Leiden von Menschen sogar so viel schwerer gewichtet als die von Tieren, dass man sich zu einer vielleicht nur präventiven oder fakultativen Vermeidung dieser Leiden berechtigt sieht, Tiere zu töten und ihnen sogar Schmerzen zuzufügen. Dies gilt nicht nur für die inzwischen vielfach kritisierten Praktiken der Fleischindustrie, sondern ebenfalls bei den zwar nicht unumstrittenen, jedoch weitaus positiver beleumundeten wissenschaftlichen Tierversuchen. Doch sollte auch hier klar bleiben, dass dies nur als Ausnahme akzeptiert werden kann, die entsprechenden Restriktionen unterworfen ist.

Man rechtfertigt diese Ausnahmefälle von dem Verbot, Tieren Schmerzen zuzufügen, durch die Beseitigung oder Prävention schweren menschlichen oder auch tierischen Leidens. Dies umfasst zudem die biomedizinische Grundlagenforschung, da man darauf hofft, dass diese auf lange Sicht ebenfalls zu derartiger Beseitigung oder Prävention von Leiden beitragen wird, selbst wenn dies natürlich nicht für jedes einzelne Experiment nachweisbar ist. Es wird sogar die Frage erhoben, ob man sich nicht gegenüber kranken oder krankheitsgefährdeten Menschen und Tieren moralisch schuldig macht, wenn man Tierversuche, die mittelbar zur Heilung oder Linderung der Leiden beitragen können, unterlässt, es wird für ein unspezifisches Recht der Leidenden auf Forschung plädiert.

---

216 Karin Blumer, *Tierversuche zum Wohle des Menschen? Ethische Aspekte des Tierversuchs unter besonderer Berücksichtigung transgener Tiere*, München 1999; vgl. Ach/Borchers, *Handbuch Tierethik*.

Ferner wird der Forschung die Norm auferlegt, die Tiere aus der niedrigstmöglichen Spezies in der *scala naturae* zu wählen, so wenige wie möglich einzusetzen und diese durch bestmögliche Pflege, Haltung und durch analgetische Maßnahmen vor vermeidbarem Leid zu schützen. Es sollen zudem keine unnötigen Doppelversuche vorgenommen und genau geprüft werden, ob sich der Erkenntnisgewinn nicht mit Alternativmethoden erzielen lässt. Schließlich ist wichtig, dass der Erkenntnisgewinn selbst ethischen, oder zumindest ethisch vertretbaren Zielen dient.

Was ist ökologische Ethik?

Der wichtige Aspekt der ökologischen Ethik liegt in der zusätzlichen Ausweitung der von einer universalistischen Ethik zu berücksichtigenden Wesen und Objekte. Gemeinsam ist vielen der unterschiedlichen Ansätze die Wendung gegen den ethischen Anthropozentrismus, die Intuition, dass wir gegenüber der Natur zur Rücksichtnahme verpflichtet sind, die man argumentativ auf den Punkt zu bringen versucht.

Dem *Anthropozentrismus* – für den nur Menschen Zwecke an sich selbst sind – stellen manche Autorinnen einen *Pathozentrismus* gegenüber, für den Wesen, die leidensfähig sind, das heißt de facto Tiere ab einer bestimmten Organisationsstufe, moralischen Wert besitzen. Wie u. a. im Kap. 4 gezeigt, wird Kant dem anthropozentrischen, der Utilitarismus eher dem pathozentrischen Lager zugeordnet. Im *Biozentrismus* besitzt alles Lebendige moralischen Wert und Anspruch auf Achtung. Menschen werden als Mitglieder der Lebensgemeinschaft der Erde vorgestellt. Die natürlichen Ökosysteme der Erde in ihrer Gesamtheit werden als komplexes Netz miteinander verknüpfter Elemente angesehen, die wechselseitig voneinander abhängig sind. Darin wird jeder individuelle Organismus als teleologisches Zentrum von Leben verstanden, das sein eigenes Wohl auf seine eigene Weise verfolgt. Der Anspruch, Menschen seien anderen Spezies aufgrund ihrer Natur überlegen, ist dieser Ansicht nach eine unbegründete Behauptung, ein irrationales Vorurteil. Für den *Physiozentrismus* besitzt die gesamte, auch „unbelebte“ Natur „intrinsischen“ Wert, z. B. auch Felslandschaften sind moralisch wertvoll.

Eine andere Möglichkeit, das Verhältnis zwischen Menschen, anderen Lebewesen und der Natur zu bestimmen, bietet das südamerikanische Projekt des *buen vivir*. Der spanische Name dient als suggestive Entsprechung für die aus verschiedenen Andensprachen stammenden Termini *pacha mama* und *sumak kawsay*. Angestrebte Ziele sind hier eine Erhaltung der Natur um ihrer selbst willen, man spricht auch von Ökozentrismus, sowie eine harmonische Koexistenz des Menschen mit der Natur bzw. Umwelt. Im Dezember 2010 erlangte die Natur in Bolivien den Status eines Rechtssubjektes. Trotz aller Probleme in begrifflicher, rechtspraktischer und politischer Hinsicht kann dies als Versuch gewertet werden, den Schutz der Natur und Umwelt jenseits instrumenteller Erwägungen zu begründen und umzusetzen.

Auch die tiefenökologische Bewegung, der Terminus Tiefenökologie (deep ecology) geht auf den Norweger Arne Naess (*1912; †2009) zurück, verfolgt das Ziel, Naturschutz außerhalb einer anthropozentristischen Perspektive zu begründen. Hier scheint u. a. Gaia-Hypothese interessant, wonach die Gesamtheit der Natur, d. h. in letzter Konsequenz der Planet Erde, als Organismus begriffen wird, dessen Interdependenz dazu führt, dass Störungen sich auf das Gesamtsystem auswirken. Manche Autor:innen versuchen hier gar nicht mehr rational zu argumentieren, weil sie dies bereits für einen Irrweg der westlichen Vernunft halten, sondern wollen eher durch Erzählungen, Vorleben und künstlerische Aktionen eine Änderung des Bewusstseins hervorrufen. Auch daran gab es deutliche Kritik.

Die Trennlinie zwischen Anthropozentrismus und Physiozentrismus lässt sich beim praktischen Umgang allerdings nicht so klar treffen wie oft suggeriert. Auch auf Basis instrumenteller Erwägungen können andere Lebewesen als der Mensch oder sogar die Gesamtheit aller Lebewesen als moralisch relevant und schützenswert erachtet werden. Im deutschen Umweltrecht wird der Schutz der Umwelt damit begründet, dass ihre Integrität für die existierenden Menschen und die zukünftigen Generationen überlebenswichtig ist. Wir begegnen hier also klassischen instrumentellen Erwägungen auf Basis eines uneingeschränkten Anthropozentrismus. Es scheint daher nicht gewiss, dass diese Unterscheidung wirklich zentral ist.

Literaturtipps

Dieter Birnbacher (Hg.), *Ökophilosophie*, Stuttgart 1997.

Paul Taylor, *Die Ethik der Achtung vor der Natur*, in: Birnbacher, *Ökophilosophie*, Stuttgart 1997.

Timothy Sprigge, *Gibt es in der Natur intrinsische Werte*, ebd.

Andreas Brenner, *Ökologie-Ethik*, Leipzig 1996.

Arne Naess, *Ecology, community and lifestyle: outline of an ecosophy*, Cambridge 1992.
Bruno Latour, *Das Parlament der Dinge. Für eine politische Ökologie*, Frankfurt/M. 2010.
James E. Lovelock, *Gaia. A new look at life on earth*, Oxford 2016.
Stefan Knauß, *Pachamama als Ökosystemintegrität – Die Rechte der Natur in der Verfassung von Ecuador und ihre umweltethische Rechtfertigung*, in: Zeitschrift für Praktische Philosophie 7 (2020), 221–244.

Welche ethischen Probleme stehen im Umfeld der Technik im Mittelpunkt?

Eine zentrale ethische – und natürlich auch juristische – Frage im Kontext der Technik ist die nach der Verantwortung für ihre Folgen, insbesondere wenn es um kollektive Verantwortung geht, z. B. für die Verantwortung von Konzernen für die von ihnen verursachten Umweltschäden.[217] Die Debatte um diese Fragen bezieht sich sowohl auf Untersuchungen von eher prinzipiellen Fragen nach den verschiedenen Facetten des Verantwortungsbegriffs und ihrer Relevanz für die Technikfolgen, als auch auf spezifischere Überlegungen, etwa zur Frage nach der Verantwortung für die von Künstlicher Intelligenz getroffenen, moralisch und rechtlich relevanten Entscheidungen. Markant ist beispielsweise die Frage, wie sich ein autonomes Fahrzeug entscheiden soll, wenn die Wahl entsteht, einem oder zwei Menschen auszuweichen, einem Kind oder einem erwachsenen Menschen und die Schädigung der jeweils anderen in Kauf zu nehmen.

Bei der sog. grünen Gentechnologie, die sich mit der Verbesserung von Nutzpflanzen befasst, verspricht man sich höhere Erträge, vor allem aber besseren Schutz vor Schädlingen aller Art, so dass man künftig weitgehend

217 Günter Ropohl, *Ethik und Technikbewertung*, Frankfurt/M. 1996; Hans Jonas, *Das Prinzip Verantwortung*, Frankfurt/M. 1998; Jürgen Habermas, *Die Zukunft der menschlichen Natur*, Frankfurt/M. 2001; Matthias Kaufmann/Joachim Renzikowski (Hg.), *Zurechnung als Operationalisierung von Verantwortung*, Frankfurt/M. 2004; Michael Anderson, Susan Leigh (Eds.), *Machine Ethics*, 2018; Patrick Lin, Keith Abney, George A. Bekey (Eds.), *Robot Ethics*, Boston 2014; Patrick Lin, Keith Abney, Ryan Jenkins (Eds.), *Robot Ethics 2.0: From Autonomous Cars to Artificial Intelligence*, Oxford 2017; Wendell Wallach, *Moral Machines. Teaching Robots Right From Wrong*, Oxford 2010.

auf den Gebrauch hochgiftiger Pflanzenschutzmittel verzichten könnte. Kritiker:innen geht es um mögliche Folgen für die uns umgebende Natur, die nach Aussage von Fachleuten bisher nicht erkennbar sind, aber auch für das soziale Gefüge in der Landwirtschaft, wenn etwa Patente für Saatgut in der Hand weniger Großunternehmen sind, in deren Abhängigkeit sich dann zahllose größere und vor allem kleinere Landwirte befinden. Hier dürfte in der Tat ein massives Problem vorliegen, dem mit entsprechenden politischen und rechtlichen Regelungen entgegenzuwirken ist.[218]

Literaturtipps

Günter Ropohl, *Ethik und Technikbewertung*, Frankfurt/M. 1996.

Hans Jonas, *Das Prinzip Verantwortung*, Frankfurt/M. 1998.

Michael Anderson, Susan Leigh (Eds.), *Machine Ethics*. Cambridge 2018.

Patrick Lin, Keith Abney, Ryan Jenkins (Eds.), *Robot Ethics 2.0: From Autonomous Cars to Artificial Intelligence*, Oxford 2017.

Ulrich Storz, *Ethics and Biotech patents – where two worlds collide*, in: Susanne Müller/Henning Rosenau (Hg.), Stammzellen, iPS-Zellen, Genomeditierung, Baden-Baden 2018, 329–348.

Hans Zillmann, *Artefakt-Ontologie und der moralische Status genetisch veränderter Pflanzen*, in: Jahrbuch für Recht und Ethik 26 (2018), 473–490.

Timo Faltus (Hg.), *Ethik, Recht und Kommunikation des Genom Editings*, Halle 2019.

218 Hans Zillmann/Matthias Kaufmann, *Ethische Dimensionen der Genom-Editierung, buen vivir und die tiefenökologische Bewegung*, in: Susanne Müller/Henning Rosenau (Hg.), Stammzellen, iPS-Zellen, Genomeditierung, Baden-Baden 2018, 313–328; Ulrich Storz, *Ethics and Biotech patents – where two worlds collide*, ebd. 329–348; Hans Zillmann, *Artefakt-Ontologie und der moralische Status genetisch veränderter Pflanzen*, Jahrbuch für Recht und Ethik 26 (2018): 473–490; Timo Faltus (Hg.), *Ethik, Recht und Kommunikation des Genom Editings*, Halle 2019.

Fazit

Es wurde hoffentlich in den vorangegangenen Kapiteln deutlich, dass jene Themen, die von der philosophischen Ethik diskutiert wurden und werden, sowohl unser individuelles als auch unser soziales und politisches Leben kontinuierlich durchdringen. Philosophische Theorien, dies wurde vielleicht ebenfalls erkennbar, bieten in diesem Kontext keine ewigen und unumstößlichen Wahrheiten, wohl aber Denk- und Argumentationshilfen, die uns ermöglichen, unser Denken zu strukturieren und im Austausch mit unseren Mitmenschen den je eigenen Weg durch die komplizierten und kontroversen Debatten unserer Gegenwart zu finden.

Durch die Fülle des Materials war an einigen Stellen nur ein Hinweis auf vorhandene Themen und Diskussionen möglich. Wie eingangs erwähnt trägt die Auswahl der vorgestellten Themen und Argumente trotz aller Bemühungen um rationales Vorgehen notwendig subjektive, evtl. biographisch bedingte Züge, für die ich die Leser:innen um Nachsicht bitte.

Glossar

Handlung | Handlungen sind diejenigen (menschlichen) Aktivitäten, bei denen man annimmt, dass sie freiwillig geschehen. Handlungen werden üblicherweise Personen zugeschrieben und diese können dafür verantwortlich gemacht werden. Personen sind in erster Näherung Wesen, die einen Bezug zu sich selbst besitzen und zu willentlichem, evtl. geplantem Tun in der Lage sind.

Kategorischer Imperativ | Der Kategorische Imperativ ist laut Kant das Kriterium für alle Sittlichkeit, das Grundgesetz der praktischen Vernunft. Dieses Kriterium bezieht sich auf die Form der Maxime, d. h. des allgemeinen Grundsatzes, nach dem jemand handeln möchte, der sich zum allgemeinen Gesetz eignen soll. Der kategorische Imperativ gilt unbedingt, im Unterschied zu inhaltlichen – hypothetischen – Imperativen, deren Gültigkeit durch den direkten oder indirekten Beitrag zum menschlichen Glück bestimmt wird.

Medizinische Ethik | Zu den „traditionellen" Themen medizinischer Ethik gehören die drängenden Fragen am Anfang und Ende des menschlichen Lebens. Dies sind Fragen wie die, ob Abtreibung erlaubt sein sollte, generell, welchen Schutz Embryonen und Frühembryonen haben sollten, z. B. bei einem möglichen Einsatz in der Forschung. Diskutiert wird ferner, welche der unterschiedlichen Formen der Sterbehilfe bzw. des assistierten Suizids vertretbar sind. Zugleich stellt sich die Frage, wie Prinzipien wie Autonomie, Nicht-Schaden, Fürsorge und Gerechtigkeit bei der Behandlung von Patient:innen zu berücksichtigen und zu gewichten sind.

Moral/Ethik | Moral ist, wie das Recht, ein Teil der normativen Ordnung menschlichen Zusammenlebens. Die spezifische Besonderheit moralischer Forderungen besteht darin, dass sie dem Individuum zumuten, auch ohne Strafdrohungen und anderen äußeren Druck freiwillig Verzicht zu leisten. Menschen sollen verzichten, weil dies nach bestimmten Kriterien nötig und richtig ist, weil sie diese Kriterien akzeptieren und deshalb den Verzicht selbst für richtig halten. Ethik wird manchmal als Synonym für Moral verwendet, ist traditionell eher die philosophische Reflexion über Moral.

Relativismus | Zentrale Annahme des moralischen Relativismus ist die Behauptung, moralische Werte, moralische Überzeugungen seien stets nur relativ zu einer bestimmten Kultur, innerhalb eines bestimmten Kontextes, einer bestimmten Rationalitätsauffassung gültig.

Tierethik | Tierethik untersucht zum einen die allgemeine Frage, ob und warum Tiere in welchem Maß moralisch berücksichtigt werden sollten. Es gab allein in der europäischen Tradition verschiedene Ansätze mit denen man die Pflicht der Menschen zur Rücksichtnahme auf Tiere zu begründen versuchte. Dürfen wir sie essen oder haben sie Anspruch auf Tötungsschutz? Wenn Letzteres, gilt dies für alle Tiere oder wird eine Hierarchisierung angenommen? Ferner werden speziellere Fragen diskutiert, z. B. ob und wie und unter welchen Bedingungen Tierversuche moralisch erlaubt sein können, ob zoologische Gärten, ob Zirkusvorführungen mit Tieren moralisch berechtigt sind etc.

Tugend | Tugend gilt in den meisten Moralkonzepten als Inbegriff moralisch richtigen Verhaltens, die sog. Tugendethik konzentriert die ethische Reflexion auf die genauere Bestimmung dieses Verhaltens. Tugend wurde als die Disposition definiert, „das sittlich Gute nicht zufällig, nicht aus bloßer Emotion, nicht traditionsgebunden, nicht aus Zwang zu tun, sondern aus Freiheit, aber insofern mit einer gewissen Notwendigkeit, als die sittlich gebildete Persönlichkeit ihre Affekte soweit domestiziert hat, dass ihre affektiven Handlungen so ablaufen, als ob ihnen sittliche Überlegung zugrunde läge."

Universalismus | Als „universalistisch" bezeichnet man Ethikkonzeptionen, die moralische Forderungen an alle Personen richten, die deshalb zunächst von den konkreten sozialen Bedingungen weitestgehend abstrahieren, nur noch auf Vernunftfähigkeit oder Leidensfähigkeit der Betroffenen Bezug nehmen. In den relevanten Punkten wird eine weitgehende Gleichheit unterstellt.

Utilitarismus | Der Utilitarismus geht in seiner klassischen Form davon aus, dass eine Handlung insofern moralisch gut ist, als sie das Glück befördert und insofern moralisch schlecht, als sie das Glück verringert. Dabei handelt es sich um das Glück aller von der Handlung Betroffenen, das es unparteilich zu beachten gilt. Spätere Varianten nehmen auf die Probleme bei der Bestimmung des Glücks Rücksicht und fordern die unparteiliche

Beachtung (vermuteter) Interessen oder geäußerter Präferenzen der Betroffenen.

Wille | Wille ist die Fähigkeit, sowohl die Ziele des eigenen Handelns selbst zu bestimmen als auch die dafür notwendigen Mittel zu wählen, was ein Wissen um beide Elemente voraussetzt. Ob es Willensfreiheit, sei es als durch den Intellekt gewonnene Fähigkeit nach Gründen zu handeln, sei es als nach aller Reflexion verbleibende radikale Unbestimmtheit des Willens gibt, wird diskutiert. In der Ethik und im Strafrecht wird Willensfreiheit unterstellt.

Wo sich welches Stichwort befindet

Frag doch einfach!

Klare Antworten aus erster Hand

Die utb-Reihe „Frag doch einfach!“ beantwortet Fragen, die sich nicht nur Studierende stellen. Im Frage-Antwort-Stil geben Expert:innen kundig Auskunft und verraten alles Wissenswerte rund um das Thema. Die wichtigsten Fachbegriffe stellen sie zudem prägnant vor und verraten, welche Websites, YouTube-Videos und Bücher das Wissen vertiefen.

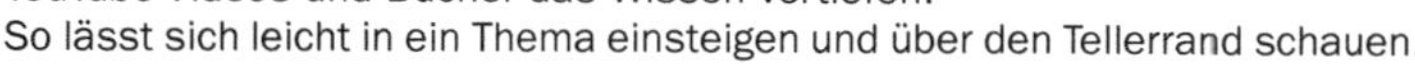

So lässt sich leicht in ein Thema einsteigen und über den Tellerrand schauen.

Bisher sind erschienen:

Michael von Hauff
Nachhaltigkeit für Deutschland? Frag doch einfach!
2020, 190 Seiten
ISBN 978-3-8252-5435-3

Claudia Ossola-Haring
Ein Start-up gründen? Frag doch einfach!
2020, 238 Seiten
ISBN 978-3-8252-5436-0

Roman Simschek, Arie van Bennekum
Agilität? Frag doch einfach!
3. Auflage, 2023, 197 Seiten
ISBN 978-3-8252-6055-2

Martin Oppelt
Demokratie? Frag doch einfach!
2021, 202 Seiten
ISBN 978-3-8252-5446-9

Florian Kunze, Kilian Hampel, Sophia Zimmermann
Homeoffice und mobiles Arbeiten? Frag doch einfach!
2021, 190 Seiten
ISBN 978-3-8252-5664-7

Gerald Pilz
Mobilität im 21. Jahrhundert? Frag doch einfach!
2021, 230 Seiten
ISBN 978-3-8252-5662-3

Anke Brinkmann, Gabriele Dreilich, Christian Stadler
Virtuelle Teams führen? Frag doch einfach!
2022, 148 Seiten
ISBN 978-3-8252-5780-4

Andreas Koch
Armut? Frag doch einfach!
2022, 179 Seiten
ISBN 978-3-8252-5554-1

Barbara Schmidt
Angst? Frag doch einfach!
2022, 143 Seiten
ISBN 978-3-8252-5687-6

Fabian Kaiser, Arie van Bennekum
Scrum? Frag doch einfach!
2022, 134 Seiten
ISBN 978-3-8252-5974-7

Florian Spohr
Lobbyismus? Frag doch einfach!
2023, 199 Seiten
ISBN 978-3-8252-5688-3

Henrik Bispinck
Friedliche Revolution und Wiedervereinigung? Frag doch einfach!
2023, 185 Seiten
ISBN 978-3-8252-5445-2

Nassim Madjidian, Sara Wissmann
Seenotrettung? Frag doch einfach!
2023, 192 Seiten
ISBN 978-3-8252-6014-9

Arndt Sinn
Organisierte Kriminalität? Frag doch einfach!
2023, 204 Seiten
ISBN 978-3-8252-6100-9

Detlev Frick
Big Data? Frag doch einfach!
2023, 123 Seiten
ISBN 978-3-8252-5442-1

Annegret Braun
Glück? Frag doch einfach!
2023, 172 Seiten
ISBN 978-3-8252-6092-7

Jenny Amelingmeyer / Thomas B. Berger / Sven Seidenstricker
Innovationsmanagement? Frag doch einfach!
2024, 208 Seiten
ISBN 978-3-8252-6097-2

Matthias Kaufmann
Ethik und Moral? Frag doch einfach!
2024, 199 Seiten
ISBN 978-3-8252-5444-5